# कविता और शायरी VOL - 10

श्रीराज मेनन

# क्रम-सूची

# क्रम-सूची

# क्रम-सूची

# क्रम-सूची

# क्रम-सूची

# भूमिका

पुस्तक में लेखक द्वारा लिखित हिंदी कविताएँ और शायरी शामिल हैं। इसमें कविताएं, शायरी और प्रेरणादायक उद्धरण शामिल हैं।

इस पुस्तक में लेखक द्वारा लिखी गई कुछ कविताएँ और शायरियाँ हैं जो प्रेम, प्रकृति और जीवन के सामान्य दैनिक पहलुओं पर आधारित हैं। कुछ प्रेरक प्रसंग भी हैं। प्यार में पाया गया प्यार, खोया हुआ प्यार और फिर से जगा हुआ प्यार शामिल है। इसी तरह, प्रकृति में प्रकृति का महत्व है और लोग बिना किसी दुष्प्रभाव के प्रकृति का अपने फायदे के लिए दुरुपयोग करते हैं। सामान्य में जीवन के सामान्य पहलू होते हैं जो लोगों और परिवेश के साथ चलते हैं।

# पावती (स्वीकृति)

मैं अपने उन दोस्तों को धन्यवाद देना चाहता हूं जिन्होंने मुझे कविताएं और शायरी लिखने के लिए प्रेरित किया, जिसे मैं कहता था और भूल जाता था। मैं Your Quote प्लेटफॉर्म और उसके सभी सदस्यों और समूहों को भी धन्यवाद देना चाहता हूं जिन्होंने मुझे अनुमति दी और मुझे इसके मंच पर अपनी सामग्री लिखने के लिए प्रेरित किया। मैं नोशन प्रेस और उसके सभी सदस्यों को भी धन्यवाद देना चाहता हूं जिन्होंने मुझे अपनी सामग्री को अपने मंच और समय-समय पर मार्गदर्शन के माध्यम से प्रकाशित करने की अनुमति दी, जो उन्होंने मुझे मेरी त्रुटियों को ठीक करने के लिए दिया।

# 1. ज़िन्दगी से मोहब्बत

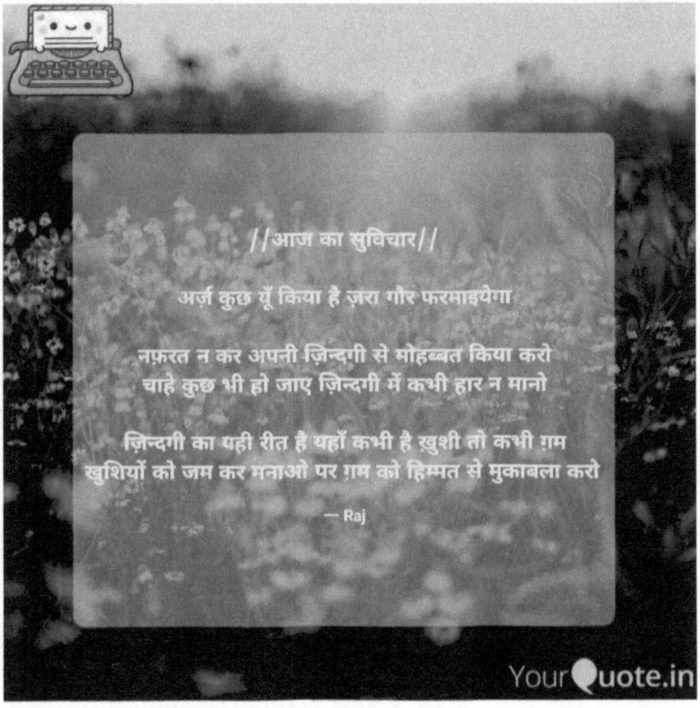

# 2. क्रोध अँधा होता है

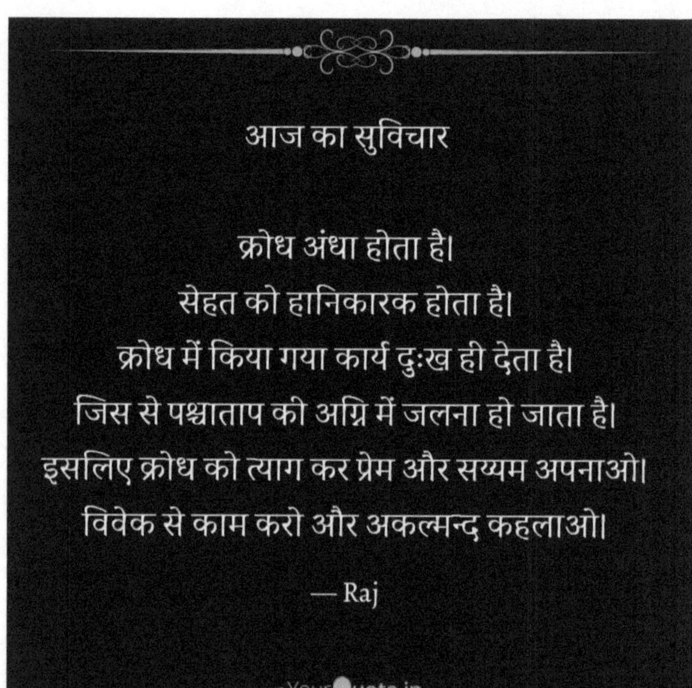

आज का सुविचार

क्रोध अंधा होता है।
सेहत को हानिकारक होता है।
क्रोध में किया गया कार्य दुःख ही देता है।
जिस से पश्चाताप की अग्नि में जलना हो जाता है।
इसलिए क्रोध को त्याग कर प्रेम और सय्यम अपनाओ।
विवेक से काम करो और अकल्मन्द कहलाओ।

— Raj

# 3. विश्व प्रकृति संरक्षण

# 4. हया - शर्म

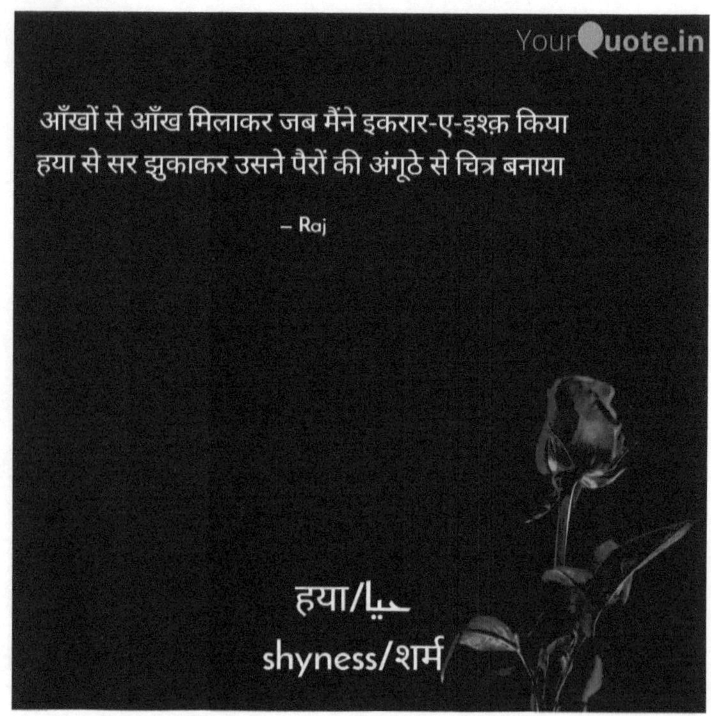

आँखों से आँख मिलाकर जब मैंने इकरार-ए-इश्क़ किया
हया से सर झुकाकर उसने पैरों की अंगूठे से चित्र बनाया

– Raj

हया/حیا
shyness/शर्म

# 5. अहंकारी

//अहंकारी लोग//

किस बात का अहंकार है तुम्हे की सब कुछ पा लिए
नही लगता यहाँ एक पल पूरी काया को पलटने में

सुःख दुःख का मिलन होता है हर एक की ज़िन्दगी में
आज सुःख है कल दुःख का आगमन होगा जीवन में

दूसरों के दुःख पर ख़ुशी मनाने वाले अहंकारी लोगों
तुम भी न बच पाएंगे कभी कुदरत का कहर ज़माने में

चाहता हूँ भला हो जाए उन लोगों का भी ज़माने में
क्या करें कर्म को कैसे बदले उन लोगों का दुनिया में

— Raj

# 6. ढूंढ़ता हूँ आज भी

ढूंढ़ता हूँ आज भी
अपने उस अतीत को
चाहकर भी भूल न पाऊँ
बिते हुए उस लम्हें को

काश कोई मिल जाता
अपनी इस ज़िन्दगी में
काश कोई साथ होता
तन्हाई में हमसफर बने

ढूंढ़ता हूँ आज भी
अपने उस अतीत को

— Raj

# 7. आसान अगर होता

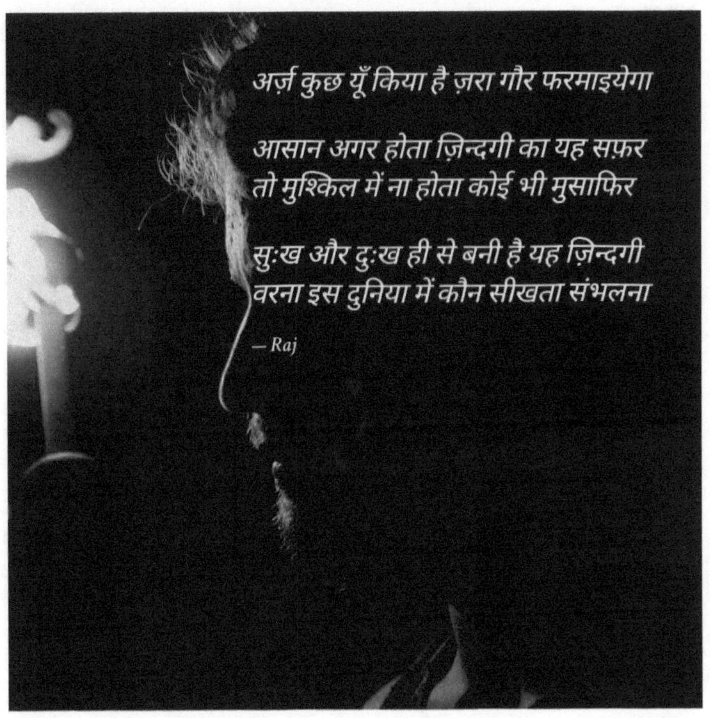

अर्ज़ कुछ यूँ किया है ज़रा गौर फरमाइयेगा

आसान अगर होता ज़िन्दगी का यह सफ़र
तो मुश्किल में ना होता कोई भी मुसाफिर

सु:ख और दु:ख ही से बनी है यह ज़िन्दगी
वरना इस दुनिया में कौन सीखता संभलना

— Raj

# 8. आया है दुनिया में

अर्ज़ कुछ यूँ किया है ज़रा गौर फरमाइयेगा

आया है दुनिया में अकेला जाएंगे भी अकेला
कोई साथ नहीं होता बस ख़ुद ही अपना होता
अपनों की उम्मीद को छोड़ो एक दोस्त ही अपना होता
सही मायने में देखा जाए तो अपने ही गैर होता

— *Raj*

# 9. अदाहों की खूबसूरती

YourQuote.in
अर्ज़ कुछ यूँ किया है ज़रा गौर फरमाइयेगा

अदाहों की ख़ूबसूरती पर नाज़ न कर
इश्क़ होता है जब होता है ख़ूबसूरत दिल
ढल जाता है जिस्मानी ख़ूबसूरती यहाँ
पर सदा रह जाता है ख़ूबसूरत दिल अमर

— Raj

# 10. अल्फ़ाज़-ए-मोहब्बत

# 11. चाँदनी रात हो

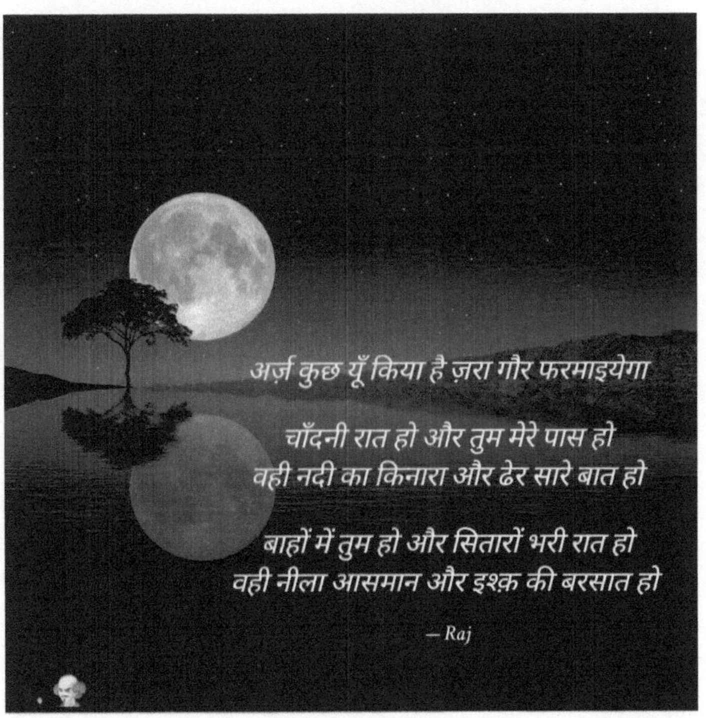

अर्ज़ कुछ यूँ किया है ज़रा गौर फरमाइयेगा

चाँदनी रात हो और तुम मेरे पास हो
वही नदी का किनारा और ढेर सारे बात हो

बाहों में तुम हो और सितारों भरी रात हो
वही नीला आसमान और इश्क़ की बरसात हो

— Raj

# 12. दिल से लिखी बातें

अर्ज़ कुछ यूँ किया है ज़रा गौर फरमाइयेगा


दिल से लिखी बातें दिल को छू जाता है
दर्द में कही हर बातें एहसास दिला जाता है


ना खुश है ज़िन्दगी तो ख़ुशियों की तलाश करो
हर दर्द में भी अपनी सुकून की तलाश करो

— Raj

# 13. गुल-ए-गुलाब

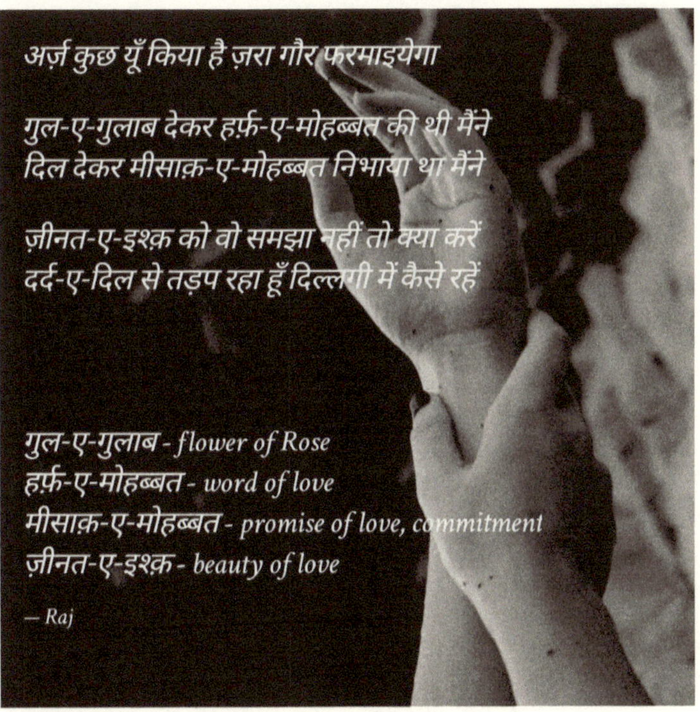

अर्ज़ कुछ यूँ किया है ज़रा गौर फरमाइयेगा

गुल-ए-गुलाब देकर हर्फ़-ए-मोहब्बत की थी मैंने
दिल देकर मीसाक़-ए-मोहब्बत निभाया था मैंने

ज़ीनत-ए-इश्क़ को वो समझा नहीं तो क्या करें
दर्द-ए-दिल से तड़प रहा हूँ दिल्लगी में कैसे रहें

गुल-ए-गुलाब - flower of Rose
हर्फ़-ए-मोहब्बत - word of love
मीसाक़-ए-मोहब्बत - promise of love, commitment
ज़ीनत-ए-इश्क़ - beauty of love

— Raj

# 14. आँखों ही आँखों में

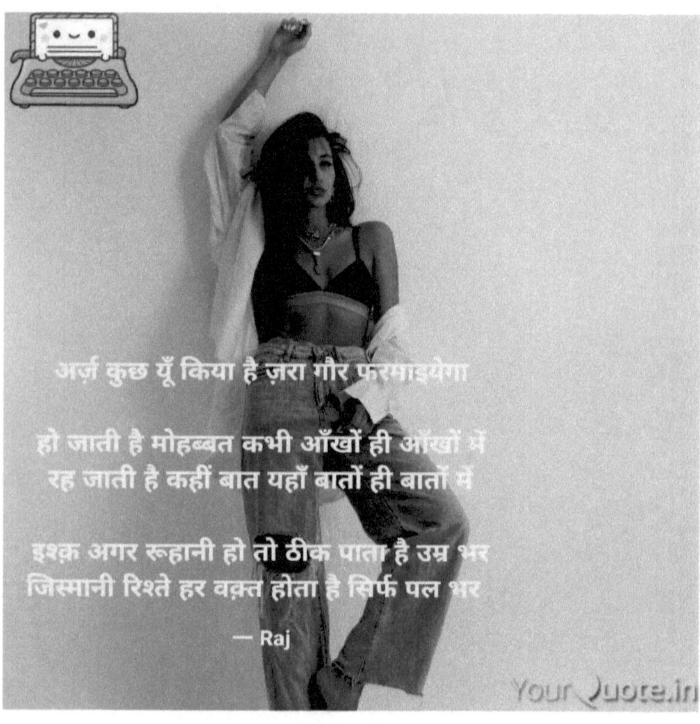

अर्ज़ कुछ यूँ किया है ज़रा गौर फरमाइयेगा

हो जाती है मोहब्बत कभी आँखों ही आँखों में
रह जाती है कहीं बात यहाँ बातों ही बातों में

इश्क़ अगर रूहानी हो तो ठीक पाता है उम्र भर
जिस्मानी रिश्ते हर वक़्त होता है सिर्फ पल भर

— Raj

# 15. खुशियों की दीपावली

अर्ज़ कुछ यूँ किया है ज़रा गौर फरमाइयेगा

हर मुस्कुराते चेहरे खुशियों की दीपावली नही मना रहे होते
कुछ चेहरे ऐसे भी होते है जो ग़म की गहराई में डूबे होते है

— Raj

# 16. इश्क़ की बाज़ार में

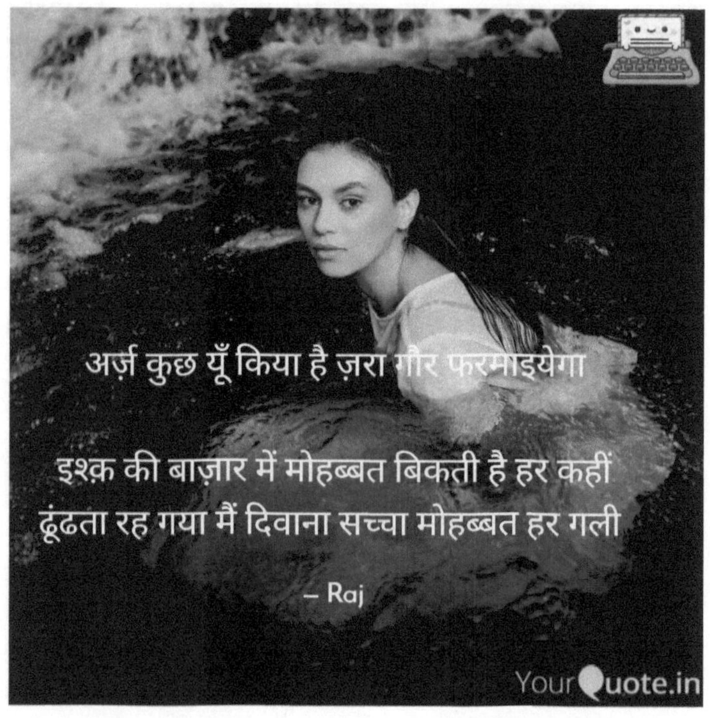

अर्ज़ कुछ यूँ किया है ज़रा गौर फरमाइयेगा

इश्क़ की बाज़ार में मोहब्बत बिकती है हर कहीं
ढूंढता रह गया मैं दिवाना सच्चा मोहब्बत हर गली

– Raj

# 17. जो भी हो जैसा भी हो

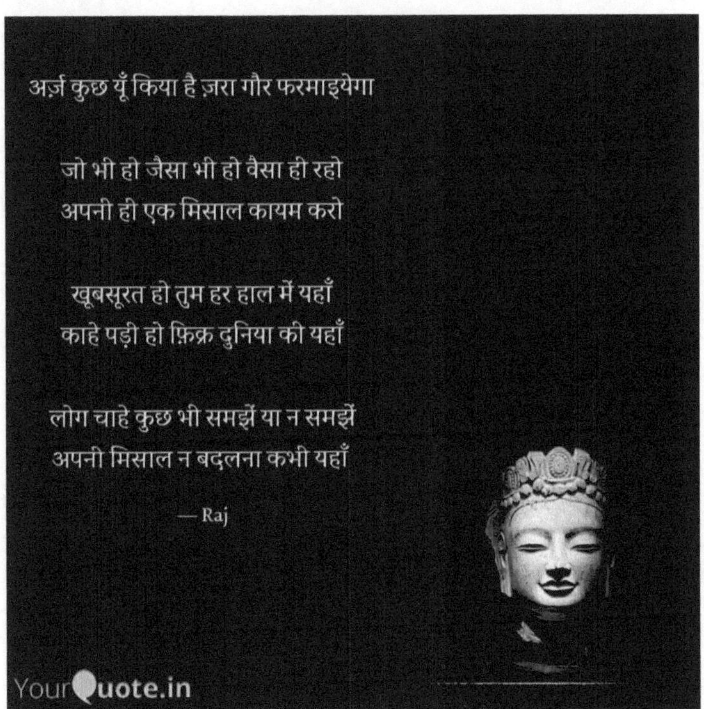
अर्ज़ कुछ यूँ किया है ज़रा गौर फरमाइयेगा

जो भी हो जैसा भी हो वैसा ही रहो
अपनी ही एक मिसाल कायम करो

खूबसूरत हो तुम हर हाल में यहाँ
काहे पड़ी हो फ़िक्र दुनिया की यहाँ

लोग चाहे कुछ भी समझें या न समझें
अपनी मिसाल न बदलना कभी यहाँ

— Raj

YourQuote.in

# 18. कैसा है ये ज़माना

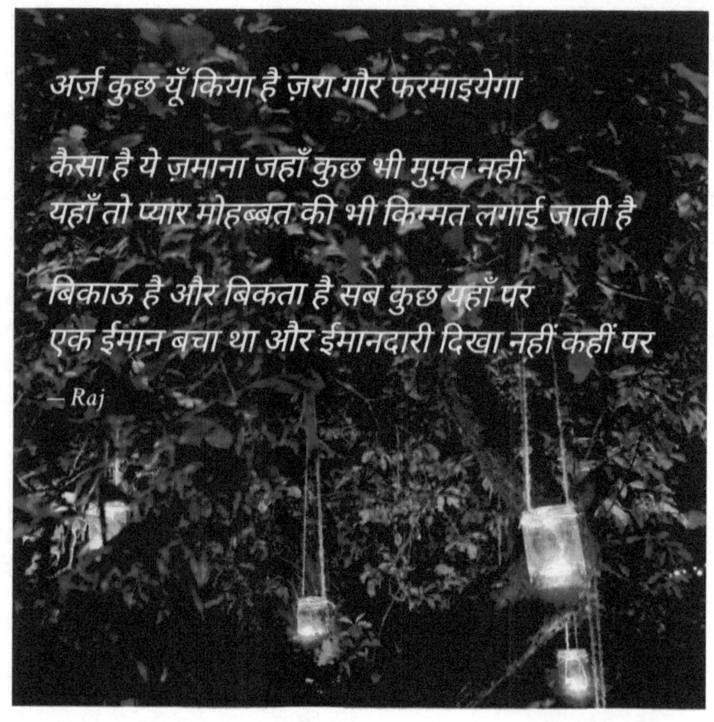

अर्ज़ कुछ यूँ किया है ज़रा गौर फरमाइयेगा

कैसा है ये ज़माना जहाँ कुछ भी मुफ़्त नहीं
यहाँ तो प्यार मोहब्बत की भी किस्मत लगाई जाती है

बिकाऊ है और बिकता है सब कुछ यहाँ पर
एक ईमान बचा था और ईमानदारी दिखा नहीं कहीं पर

— Raj

# 19. ख़ामोश दिल में मेरे

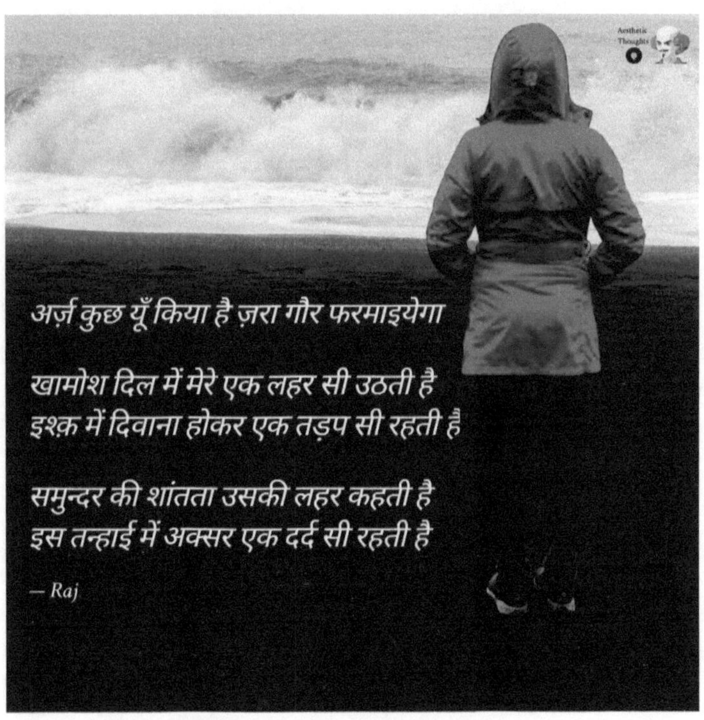

अर्ज़ कुछ यूँ किया है ज़रा गौर फरमाइयेगा

खामोश दिल में मेरे एक लहर सी उठती है
इश्क़ में दिवाना होकर एक तड़प सी रहती है

समुन्दर की शांतता उसकी लहर कहती है
इस तन्हाई में अक्सर एक दर्द सी रहती है

— Raj

# 20. क्या मौसम है

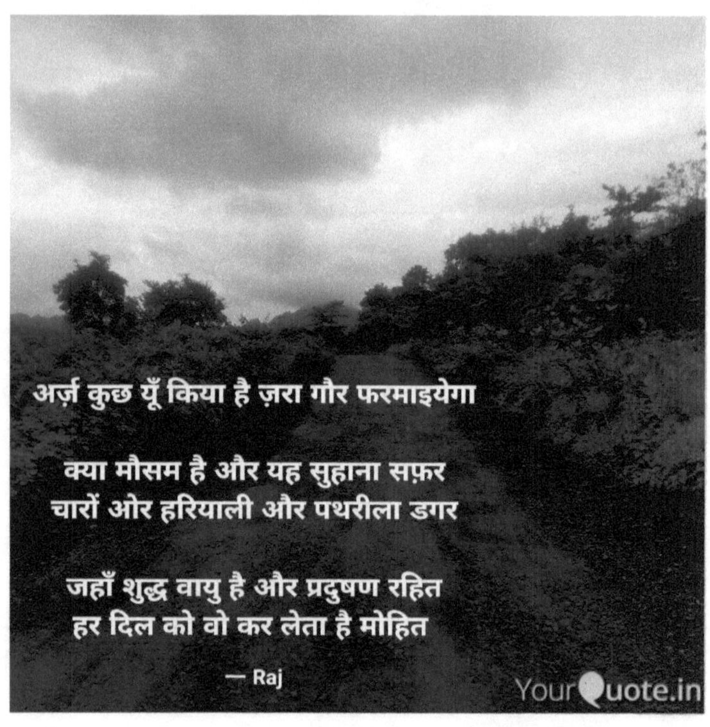

अर्ज़ कुछ यूँ किया है ज़रा गौर फरमाइयेगा

क्या मौसम है और यह सुहाना सफ़र
चारों ओर हरियाली और पथरीला डगर

जहाँ शुद्ध वायु है और प्रदुषण रहित
हर दिल को वो कर लेता है मोहित

— Raj

# 21. क्या नज़ारा है

21

अर्ज़ कुछ यूँ किया है ज़रा गौर फरमाइयेगा

क्या नज़ारा है बरसात के मौसम का
लगता है आसमां छू रही है धरती को

जी करता है उस आसमां को छू लूँ मैं
जो नज़र आ रहा है उस पाहाड़ पर

— Raj

# 22. रो रहे थे लोग

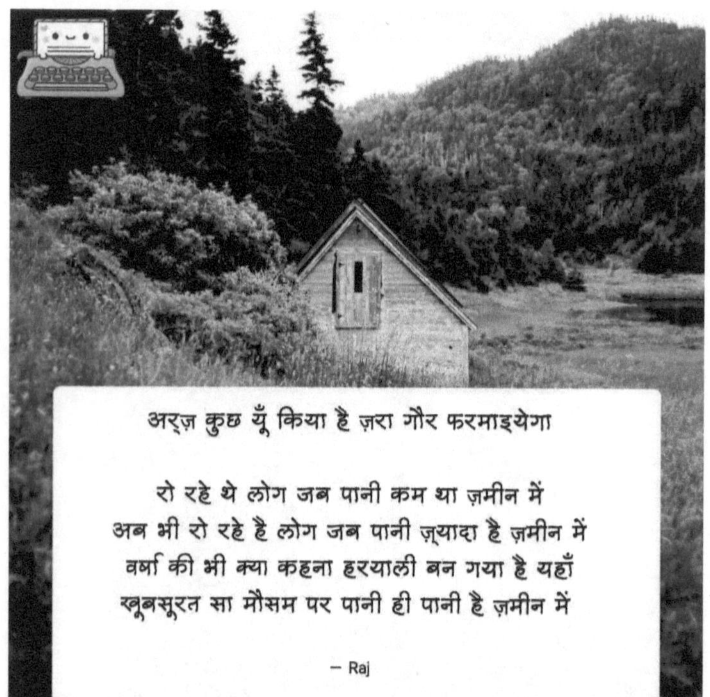

अर्ज़ कुछ यूँ किया है ज़रा गौर फरमाइयेगा

रो रहे थे लोग जब पानी कम था ज़मीन में
अब भी रो रहे है लोग जब पानी ज़्यादा है ज़मीन में
वर्षा की भी क्या कहना हरयाली बन गया है यहाँ
खूबसूरत सा मौसम पर पानी ही पानी है ज़मीन में

— Raj

# 23. सोचता रहा यूँ ही

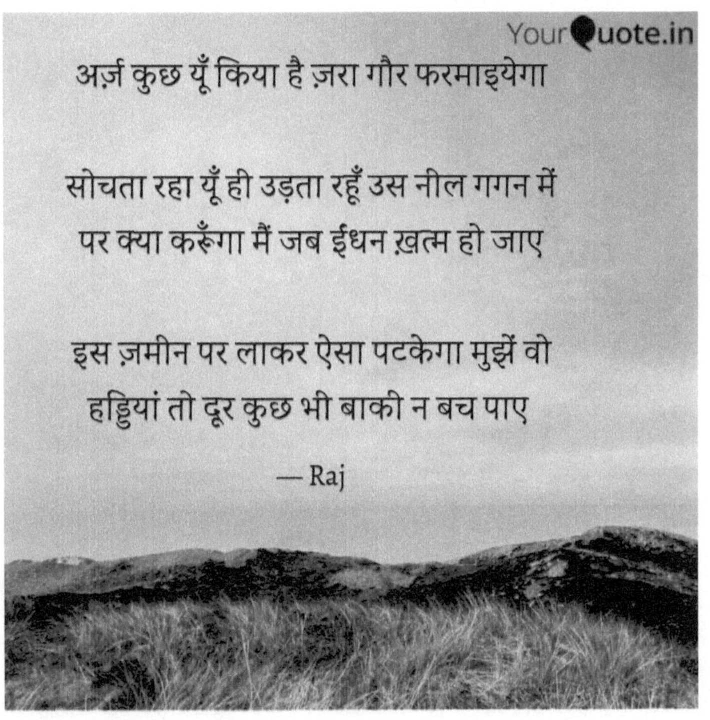

अर्ज़ कुछ यूँ किया है ज़रा गौर फरमाइयेगा

सोचता रहा यूँ ही उड़ता रहूँ उस नील गगन में
पर क्या करूँगा मैं जब ईंधन ख़त्म हो जाए

इस ज़मीन पर लाकर ऐसा पटकेगा मुझें वो
हड्डियां तो दूर कुछ भी बाकी न बच पाए

— Raj

# 24. ताउम्र साथ निभाने का

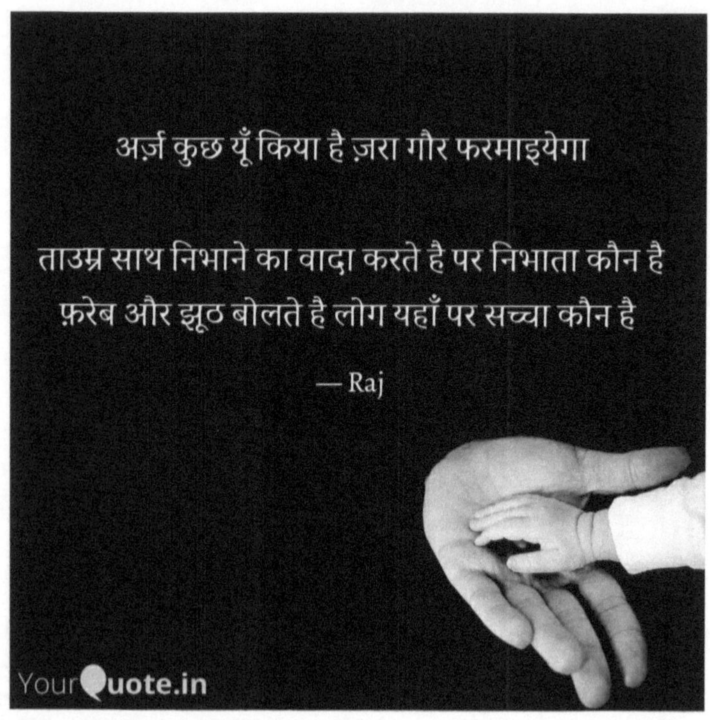

# 25. तजुर्बा-ए-मोहब्बत

# 26. उल्फ़त-ए-जहाँ

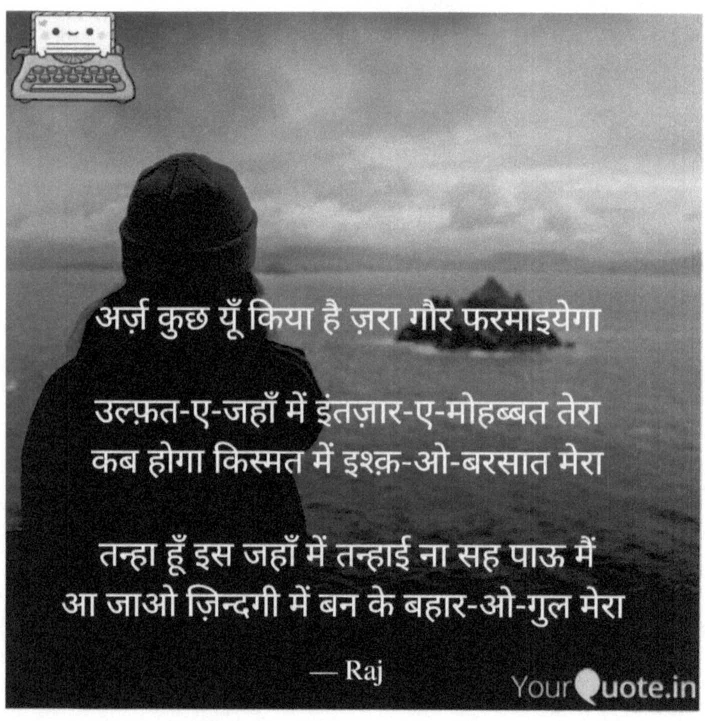

अर्ज़ कुछ यूँ किया है ज़रा गौर फरमाइयेगा

उल्फ़त-ए-जहाँ में इंतज़ार-ए-मोहब्बत तेरा
कब होगा किस्मत में इश्क़-ओ-बरसात मेरा

तन्हा हूँ इस जहाँ में तन्हाई ना सह पाऊ मैं
आ जाओ ज़िन्दगी में बन के बहार-ओ-गुल मेरा

— Raj

# 27. ज़िन्दगी गुज़र जाती है

अर्ज़ कुछ यूँ किया है ज़रा गौर फरमाइयेगा

ज़िन्दगी गुज़र जाती है जीवन को संवारने में
कभी तो वक़्त निकालो ख़ुद ही के जीने में

मिलती है एक ज़िन्दगी जीने को कायनात में
जियो जी भर के, व्यर्थ न करो फिज़ूल के रोने में

— Raj

# 28. आदमी क्यों अकेला है

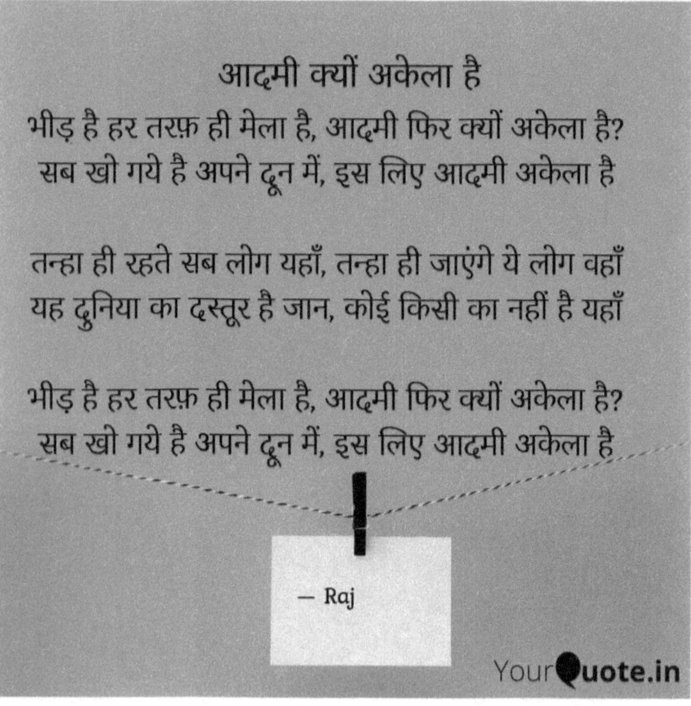

# 29. तेरे इंतज़ार में

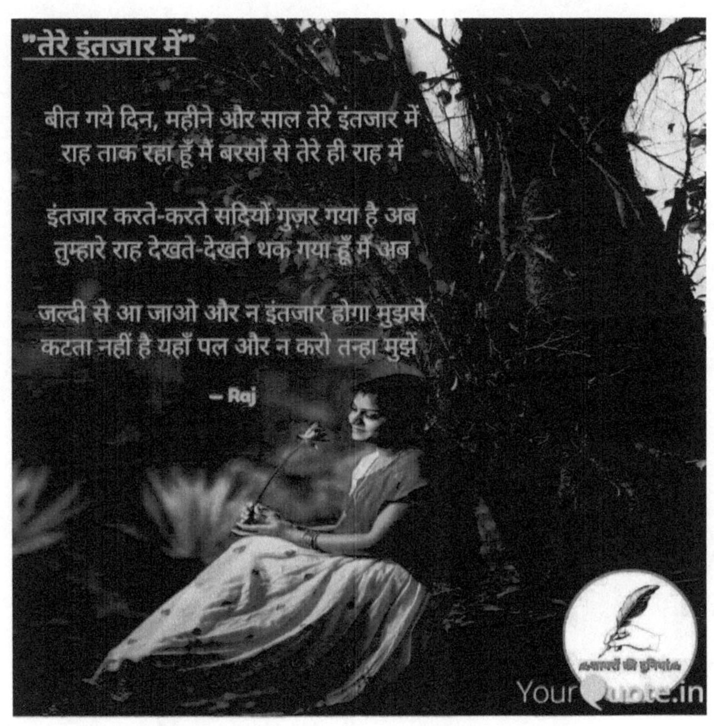

"तेरे इंतजार में"

बीत गये दिन, महीने और साल तेरे इंतजार में
राह ताक रहा हूँ मैं बरसों से तेरे ही राह में

इंतजार करते-करते सदियों गुज़र गया है अब
तुम्हारे राह देखते-देखते थक गया हूँ मैं अब

जल्दी से आ जाओ और न इंतजार होगा मुझसे
कटता नहीं है यहाँ पल और न करो तन्हा मुझें

— Raj

# 30. बूँद बूँद जीवन बरसे

**बूँद बूँद जीवन बरसे**

बूँद बूँद जीवन बरसे
मनवा काहें तू तरसे
रग रग में प्रेम बरसे
मनवा काहें तू तरसे

इश्क़ करता हूँ तुमसे
ये जान लो तू हमसे
तन्हाई में गुज़रे हदसे
अब न होगा ये फिरसे

बूँद बूँद जीवन बरसे
मनवा काहें तू तरसे
रग रग में प्रेम बरसे
मनवा काहें तू तरसे

— Raj

# 31. ये घुंगरू

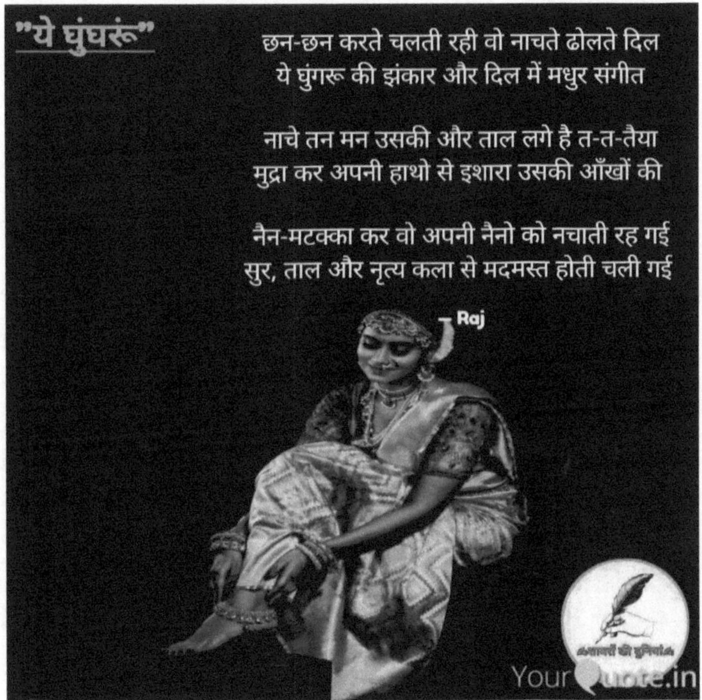

"ये घुंघरू"
छन-छन करते चलती रही वो नाचते ढोलते दिल
ये घुंगरू की झंकार और दिल में मधुर संगीत

नाचे तन मन उसकी और ताल लगे है त-त-तैया
मुद्रा कर अपनी हाथो से इशारा उसकी आँखों की

नैन-मटक्का कर वो अपनी नैनो को नचाती रह गई
सुर, ताल और नृत्य कला से मदमस्त होती चली गई

_ Raj

# 32. ज़िन्दगी से थक कर

• 32 •

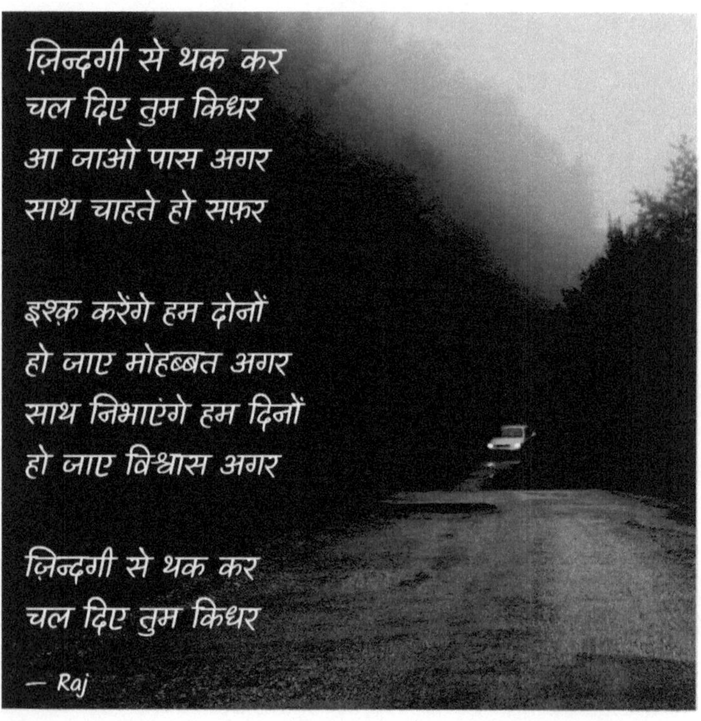

# 33. दिल-ए-हसरत

दिल-ए-हसरत

दिल-ए-हसरत बहुत था इस दिल में
कुछ पुरे हुए तो कुछ रह गये अधूरे

यूँ चाँद को छूना चाहता था मैं मगर
पर चाँद मुझें कहीं आया नहीं नज़र

मोहब्बत कर तुम पर दिल हार बैठा
क्या पता और दर्द-ए-जुदाई सह बैठा

— Raj

# 34. दिल के ज़ख्म

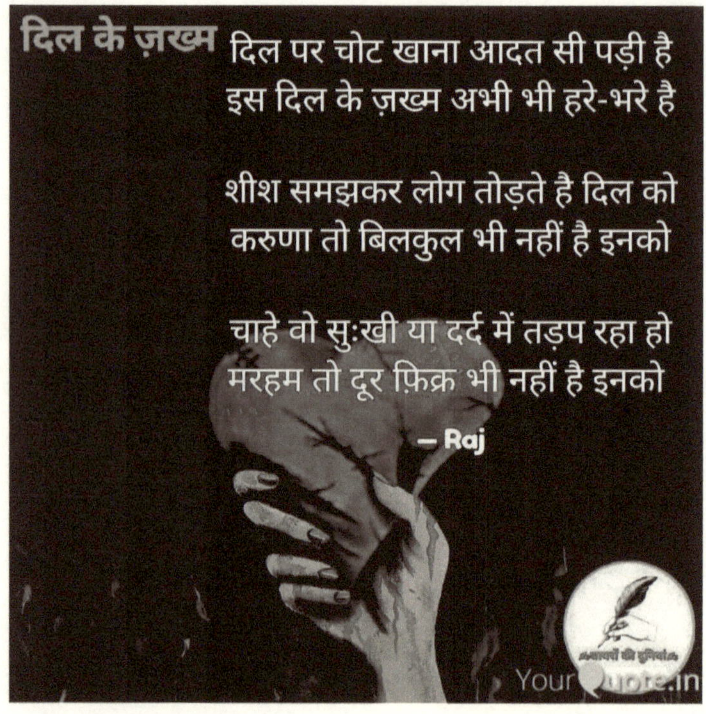

दिल के ज़ख्म
दिल पर चोट खाना आदत सी पड़ी है
इस दिल के ज़ख्म अभी भी हरे-भरे है

शीश समझकर लोग तोड़ते है दिल को
करुणा तो बिलकुल भी नहीं है इनको

चाहे वो सुःखी या दर्द में तड़प रहा हो
मरहम तो दूर फ़िक्र भी नहीं है इनको

– Raj

# 35. मामला ये दिल का

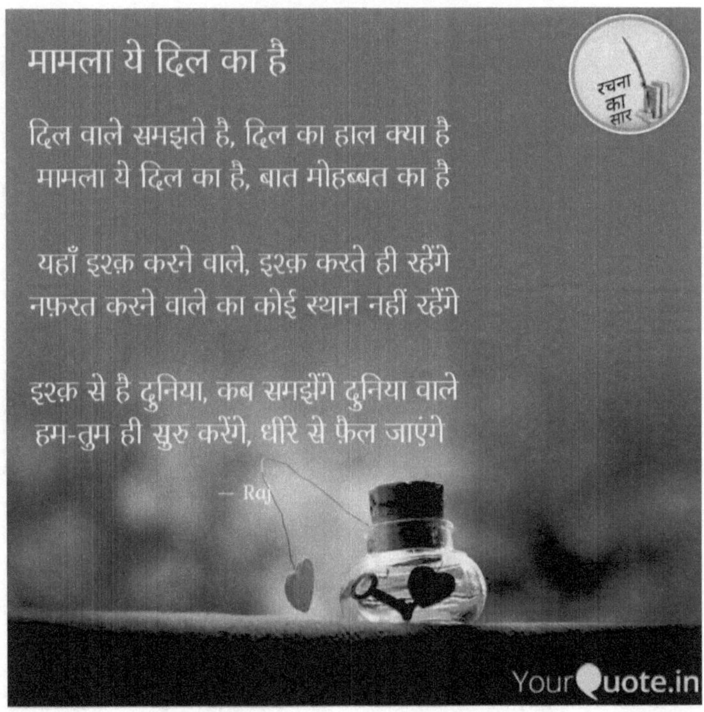

मामला ये दिल का है

दिल वाले समझते है, दिल का हाल क्या है
मामला ये दिल का है, बात मोहब्बत का है

यहाँ इश्क़ करने वाले, इश्क़ करते ही रहेंगे
नफ़रत करने वाले का कोई स्थान नहीं रहेंगे

इश्क़ से है दुनिया, कब समझेंगे दुनिया वाले
हम-तुम ही सुरु करेंगे, धीरे से फ़ैल जाएंगे

— Raj

# 36. इस दुनिया में

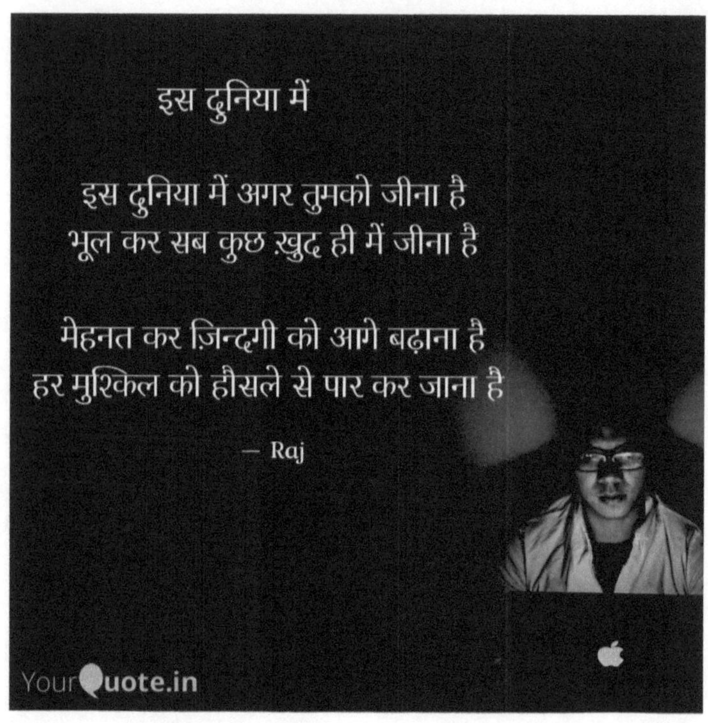

इस दुनिया में

इस दुनिया में अगर तुमको जीना है
भूल कर सब कुछ ख़ुद ही में जीना है

मेहनत कर ज़िन्दगी को आगे बढ़ाना है
हर मुश्किल को हौसले से पार कर जाना है

— Raj

YourQuote.in

# 37. तेरा मेरा याराना

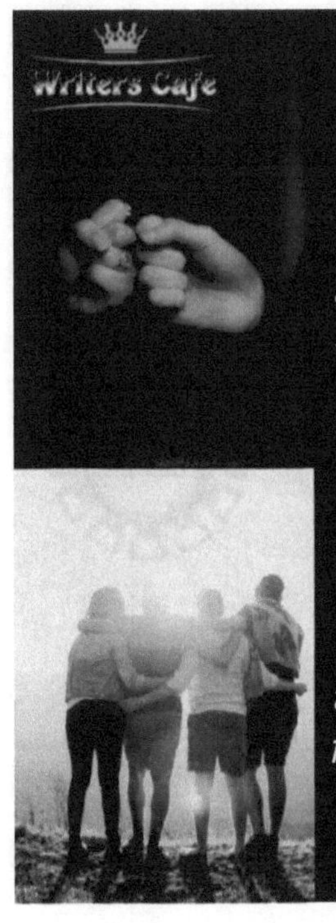



## तेरा मेरा याराना

दुश्मनी को छोड़ दोस्ती करते है हम यहाँ
तेरा मेरा याराना याद रखेगी यह दुनिया

दोस्तों से ही बनी ये मेरी जीवन की दास्ताँ
और न था मुझें कभी मेरे अपनों से वास्ताँ

एक दोस्ती ही है जिस से बना मेरा रिश्ता
ख़ुदा सलामत रखे दोस्ती की ये गुलदस्ता

इस दुनिया में दोस्त ही है जो मेरे अपने है
बाकी जो बचे है वो तो बस एक सपने है

दोस्ती करना आदत नहीं फ़ितरत है हमारी
जिस से चलती है यह मेरे जीवन की गाडी

— Raj

# 38. अधूरी कहानी के पीछे

हर अधूरी कहानी के पीछे

एक बड़ा दर्द छुपा होता है

वो कहा तो नहीं जाता है

दर्द का एहसास रह जाता है


टूटे हुए ख़्वाब का सिलसिला

बस चलता ही रह जाता है

उस दिल के सारे वो अरमान

बिखरा-बिखरा सा रह जाता है

— Raj

# 39. एक बुरा सपना

एक बुरा सपना काफी होता है

एक बुरा सपना काफी होता है
अपनी नींद से जगाने के लिए
एक अच्छा सपना काफी होता है
उम्र भर चैन की नींद सोने के लिए

एक बुरा दोस्त काफी होता है
अपना जीवन बिगड़ने के लिए
एक अच्छा साथी काफी होता है
उम्र भर साथ निभाने के लिए

— Raj

# 40. एक छोटी सी हार

प्रतियोगिता :- ₹210
एक छोटी सी हार ने
एक छोटी सी हार ने हमको यह सिखाया है
ज़िन्दगी की दौड़ में कैसे जीत को पाना है
मेहनत और लग्न से हौसले को बुलंद करना है
जीवन की हर रास्ते की रुकावटें को पार करना हैं
— Raj
study time

# 41. गुरु वो है

गुरु वो है

गुरु वो है जो निस्वार्थ भाव से ज्ञान बांटता हैं
अपने शिष्य को ज्ञान का अमूल्य खज़ाना देता है
उने एक ऊंच नागरिक़ बनाता है

— Raj

# 42. दिल की गलियों में

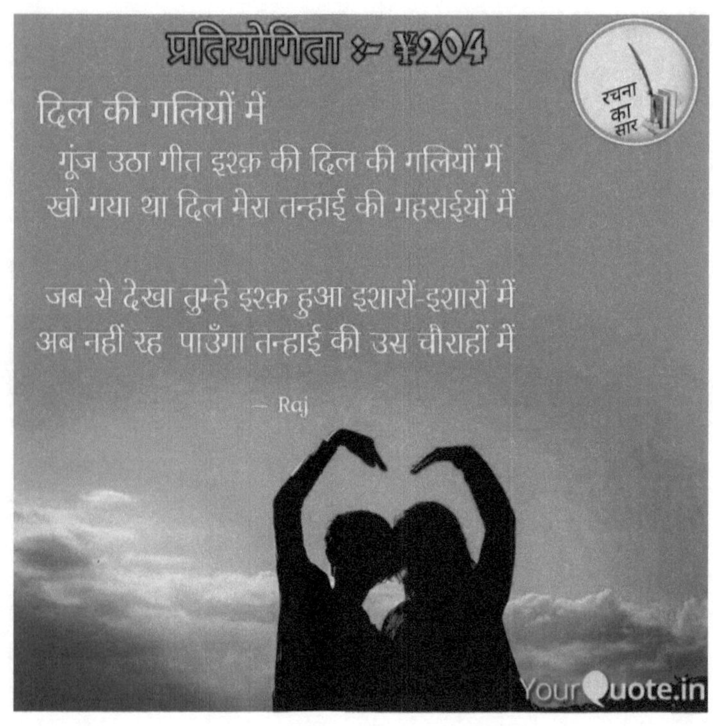
प्रतियोगिता :- ₹204
दिल की गलियों में
गूंज उठा गीत इश्क़ की दिल की गलियों में
खो गया था दिल मेरा तन्हाई की गहराईयों में

जब से देखा तुम्हे इश्क़ हुआ इशारों-इशारों में
अब नहीं रह पाऊँगा तन्हाई की उस चौराहों में

— Raj
रचना का सार

# 43. गुज़र जाने दो

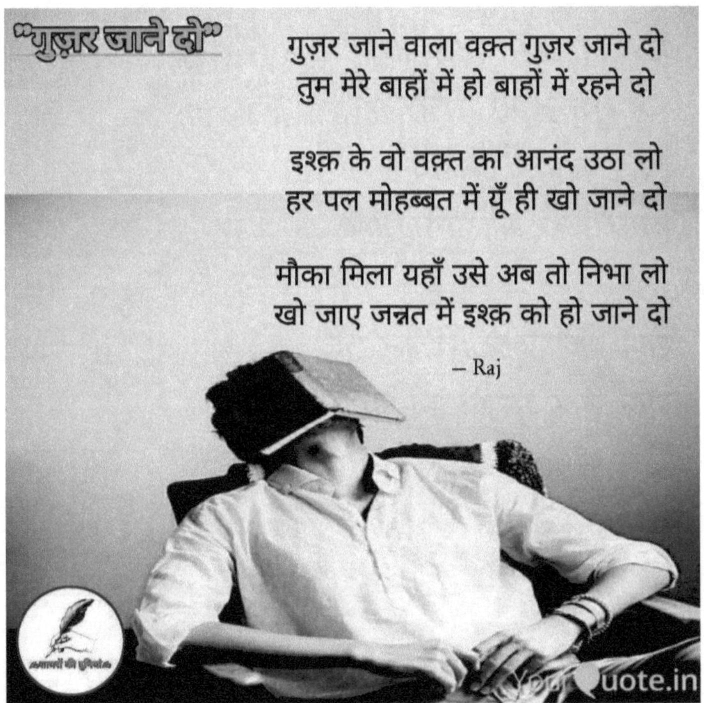

"गुज़र जाने दो"

गुज़र जाने वाला वक़्त गुज़र जाने दो
तुम मेरे बाहों में हो बाहों में रहने दो

इश्क़ के वो वक़्त का आनंद उठा लो
हर पल मोहब्बत में यूँ ही खो जाने दो

मौका मिला यहाँ उसे अब तो निभा लो
खो जाए जन्नत में इश्क़ को हो जाने दो

— Raj

# 44. एक भी ऐसा दिन नहीं

एक भी ऐसा दिन नहीं
हम तुम कभी मिले नहीं
हर रोज़ यहाँ मिलकर भी
हमने कुछ भी पाया नहीं

रोज़ रोज़ फूल खिलते रहे
रोज़ रोज़ मुरझा भी गये
दिल में इश्क़ की रौशनी
हर वक़्त फैलते चले गये

— Raj

# 45. Exam इश्क़ का

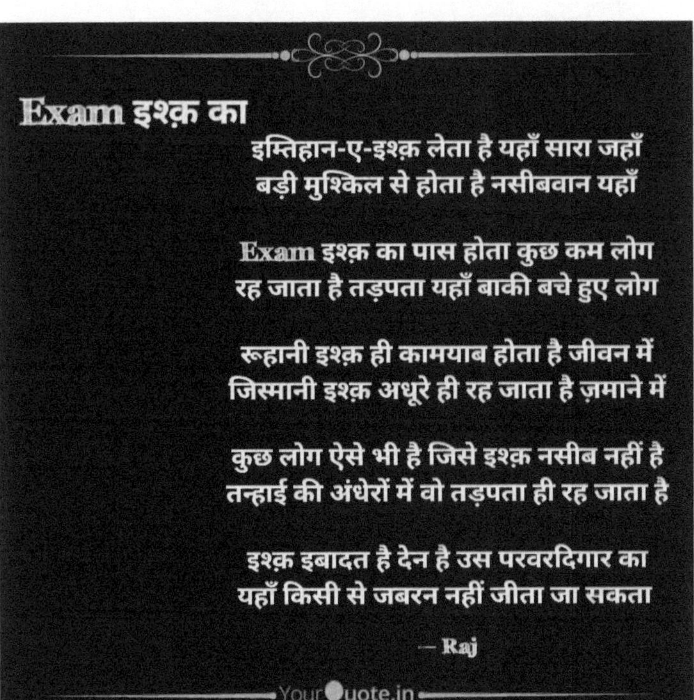

Exam इश्क़ का

इम्तिहान-ए-इश्क़ लेता है यहाँ सारा जहाँ
बड़ी मुश्किल से होता है नसीबवान यहाँ

Exam इश्क़ का पास होता कुछ कम लोग
रह जाता है तड़पता यहाँ बाकी बचे हुए लोग

रूहानी इश्क़ ही कामयाब होता है जीवन में
जिस्मानी इश्क़ अधूरे ही रह जाता है ज़माने में

कुछ लोग ऐसे भी है जिसे इश्क़ नसीब नहीं है
तन्हाई की अंधेरों में वो तड़पता ही रह जाता है

इश्क़ इबादत है देन है उस परवरदिगार का
यहाँ किसी से जबरन नहीं जीता जा सकता

— Raj

YourQuote.in

# 46. तेरे इंतज़ार में

तेरे इंतज़ार में
इंतज़ार-ए-इश्क़ कितना मुश्किल है
बीत गये कहीं दिन यूँ तेरे इंतज़ार में

कटती नहीं है वक़्त यहाँ तेरे बिना
इंतजार लगे हैं कहीं जन्मों की सजा

आ जाओ जल्दी थोड़ा दीदार कर लूँ
दीदार से ज़्यादा थोड़ा मोहब्बत कर लूँ

— Raj

# 47. नफ़ा - लाभ

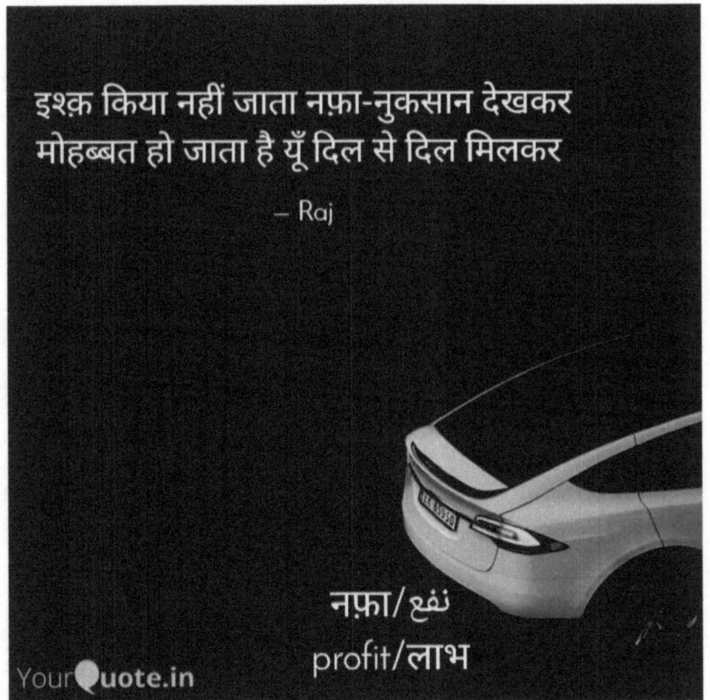

इश्क़ किया नहीं जाता नफ़ा-नुकसान देखकर
मोहब्बत हो जाता है यूँ दिल से दिल मिलकर

– Raj

नफ़ा/نفع
profit/लाभ

YourQuote.in

# 48. दग - छल

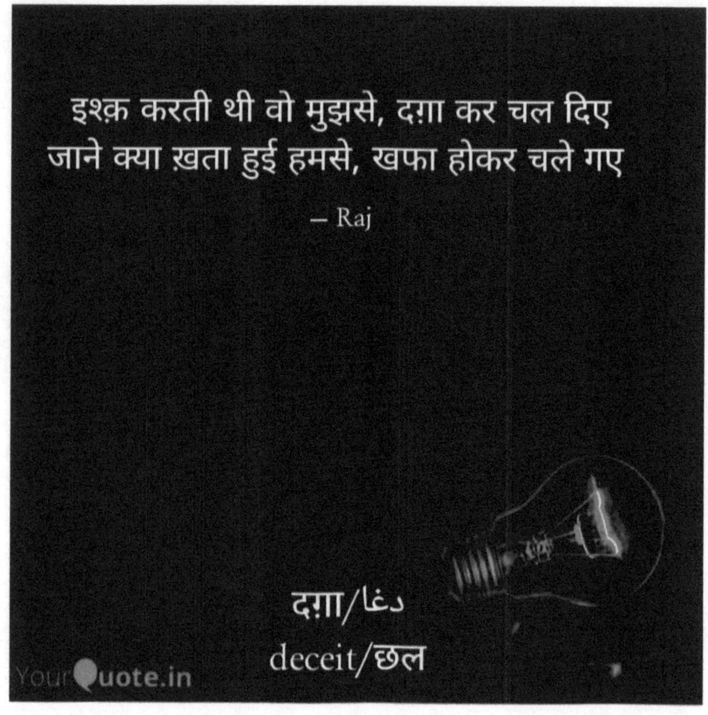

इश्क़ करती थी वो मुझसे, दग़ा कर चल दिए
जाने क्या ख़ता हुई हमसे, खफा होकर चले गए
— Raj
दग़ा/لغد
deceit/छल

# 49. सुनने को तरसे हैं

प्रतियोगिता :- ¥212

सुनने को तरसे हैं

इज़हार-ए-इश्क़ सुनने को तरसे हैं
एक तुम ही हो जो कह नहीं रहे हैं

बरसों से खड़े हैं इंतज़ार में तेरे यहाँ
इक़रार कर अपने इश्क़ तन्हा खड़े हैं

अब तो कह दो ना मोहब्बत है हमसे
तेरी आँखों से मोहब्बत झलक रहे हैं

— Raj

Your Quote.in

# 50. फिर मिलने का वादा

फिर मिलने का वादा करके

जब जब मुलाक़ात हुई
तेरी जुदाई रास ना आई
चाहता था साथ बनी रहे
पर बिछड़ना भी जरुरी है

फिर मिलने का वादा करके
चले गये हम अपने राह में
मुलाक़ात तो एक बहाना था
फिर से एक नज़र पाने के लिए
– Raj

# 51. ख़्वाबों में आकर तुम

## ख़्वाबों में आकर तुम

जब से देखा है तुमको दिल में उठा है हलचल
दिन-रात मुझें अब तुम ही तुम आता है नज़र

मेरे ख़्वाबों में आकर तुम मुझे यूँ जगाने लगे है
याद कर तुमको हर पल अब तो नींद न लगे है

खोया रहता हूँ मैं पल-पल तेरी ही ख्यालों में
यूँ लगता है मुझें मोहब्बत हो गया है तुम से

न दिन का चैन रहा और न रातों का नींद रहा
मुझें तो अब बस दिन-रात तेरी ही ख्याल रहा

आ जाओ ज़िन्दगी में मोहब्बत का इक़रार कर
लगता है नहीं रह पाउँगा अब तुमसे दूर रहकर

— Raj

# 52. मेरा वादा है

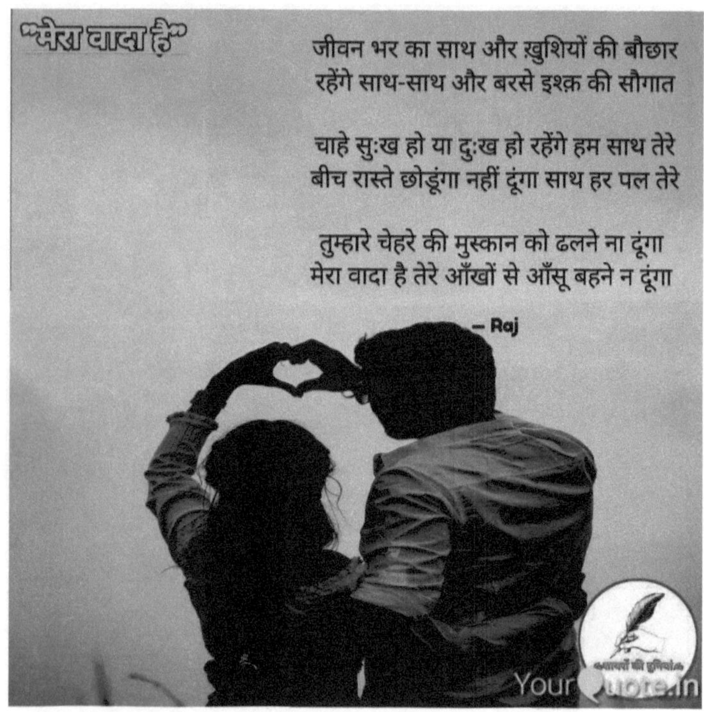

मेरा वादा है
जीवन भर का साथ और ख़ुशियों की बौछार
रहेंगे साथ-साथ और बरसे इश्क़ की सौगात

चाहे सुःख हो या दुःख हो रहेंगे हम साथ तेरे
बीच रास्ते छोड़ूंगा नहीं दूंगा साथ हर पल तेरे

तुम्हारे चेहरे की मुस्कान को ढलने ना दूंगा
मेरा वादा है तेरे आँखों से आँसू बहने न दूंगा

— Raj

# 53. जिन्दगी में आने वाले

# 54. अपना हर कर्म ऐसा करें

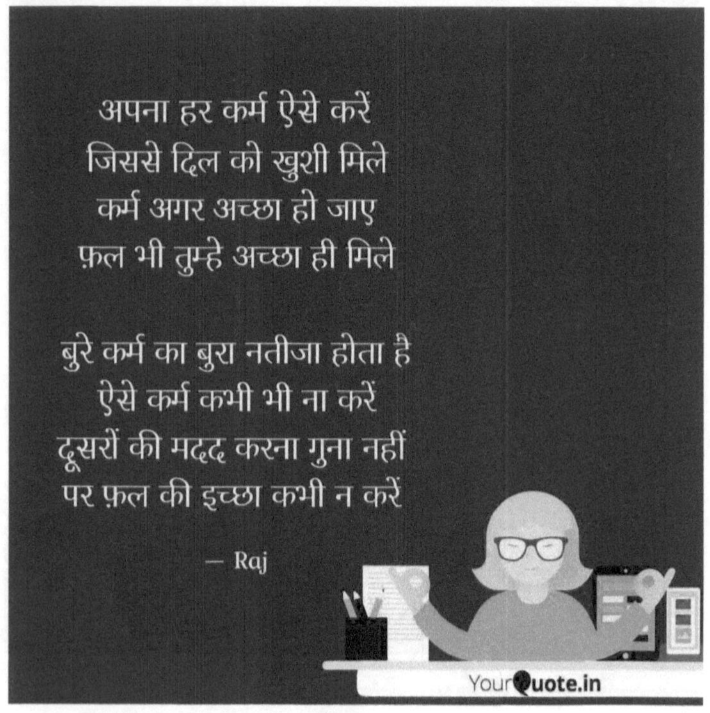

# 55. मेरी तीन अच्छी आदतें

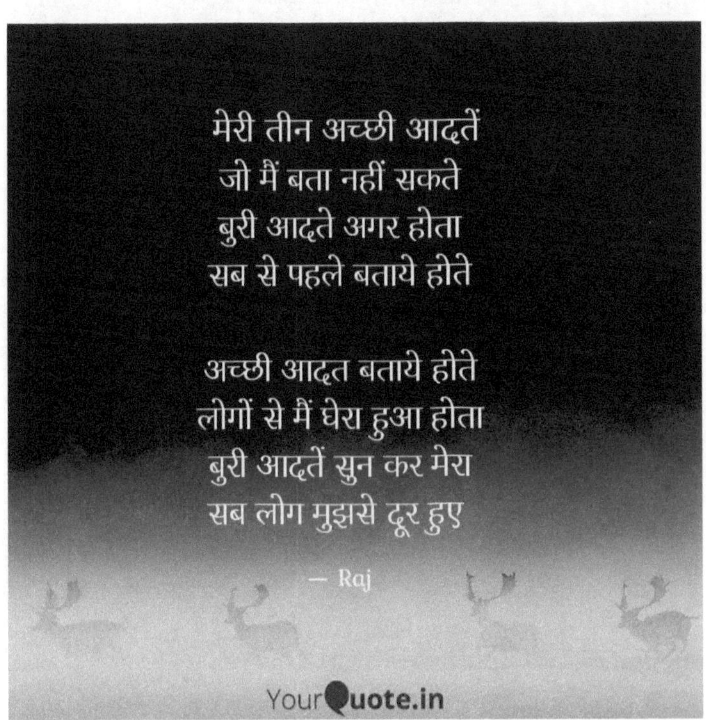

# 56. बिखर रहे हैं

"बिखर रहे हैं"

जुदाई का हर पल झेल रहा हूँ तन्हा मैं
जैसे पतझड़ में पत्ते वैसे बिखर रहे हैं

इस तन्हा ज़िन्दगी और न झेल पाऊ मैं
जल्दी से आजाओ और भर लो बाहों में

और न सह पाऊ जुदाई रह जाओ संग मेरे
जीवन भर साथ का वादा न भूल जाओ तुम

— Raj

# 57. ख्वाहिशे बहुत होते हैं

ख्वाहिशे बहुत होते है दिल के, कुछ अधूरे, कुछ होते है पुरे
रहा सवाल मोहब्बत की, तन्हाई में भला कब हो गये हैं पुरे

– Raj

# 58. आख़िरी बार मिले

• 58 •

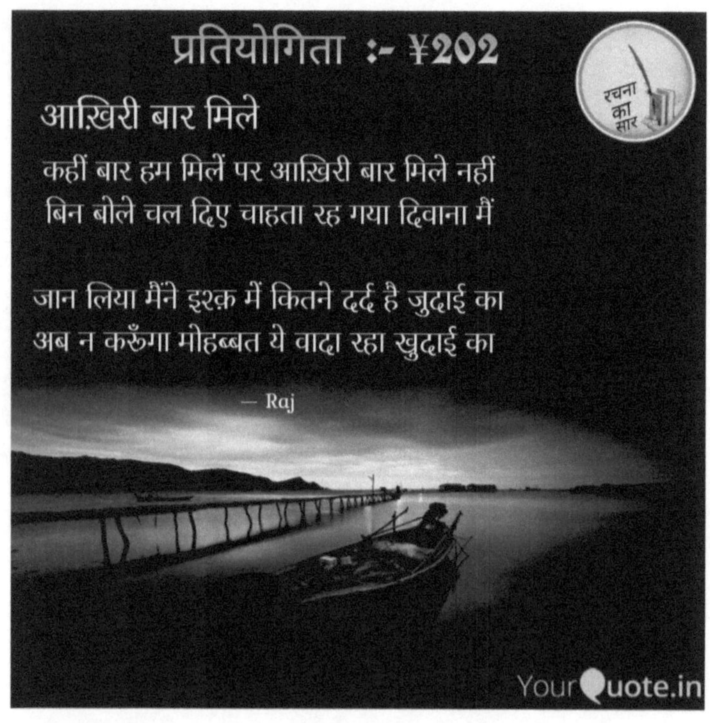

# 59. कुछ लोगों का दिल

कुछ लोगों का दिल

कुछ लोगों का दिल
दिल नहीं फूल है गुलाब का
महकता है फूलों वाला दिल
धड़कता है प्रेम की धुन में

कुछ लोगों का दिल
दिल नहीं पत्थर है पहाड़ का
कठोरता है पत्थरों वाले दिल
भड़कता है क्रोध की अग्न में

— Raj

# 60. गिर्या - रोना-धोना

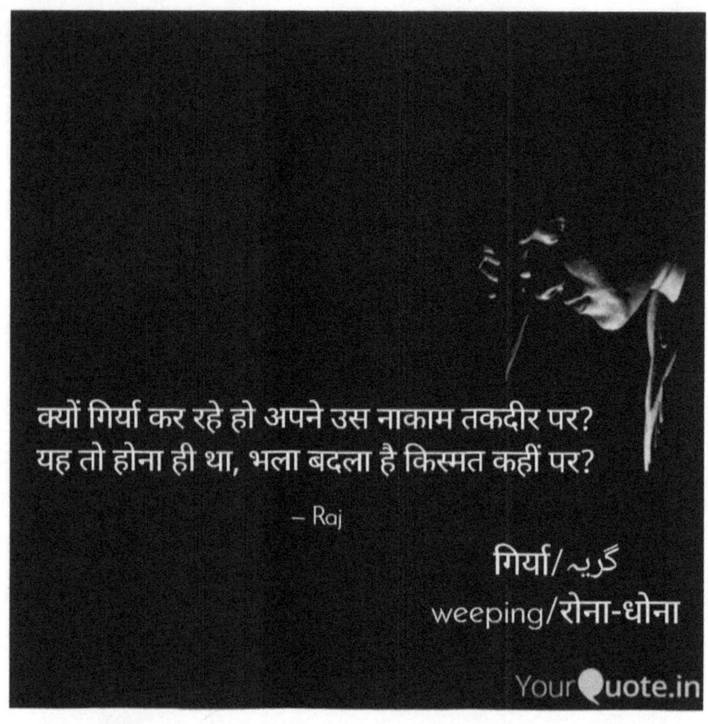

क्यों गिर्या कर रहे हो अपने उस नाकाम तकदीर पर?
यह तो होना ही था, भला बदला है किस्मत कहीं पर?
– Raj
गिर्या/گریہ
weeping/रोना-धोना
YourQuote.in

# 61. दोबारा उसी मोड़ पर

# 62. मानसून लेकर आया है

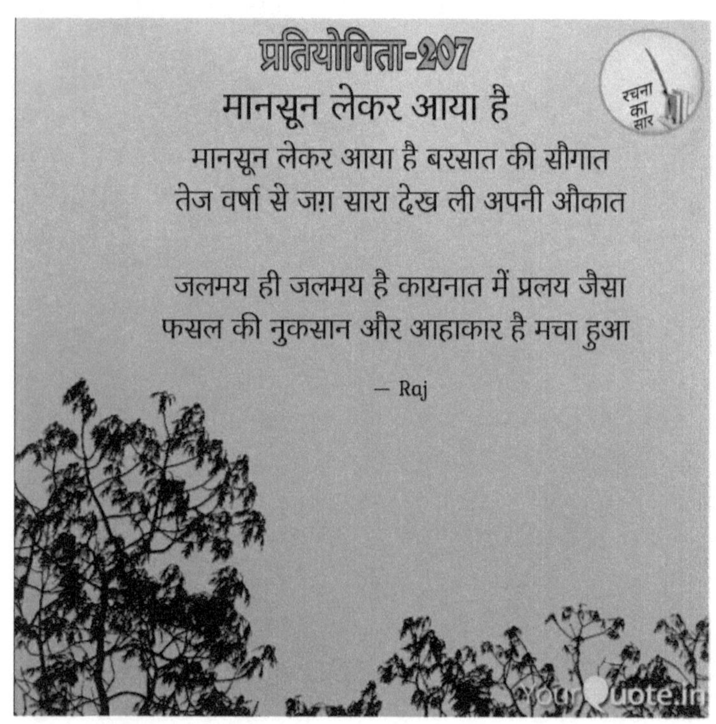

# 63. प्यारी सी मुस्कान

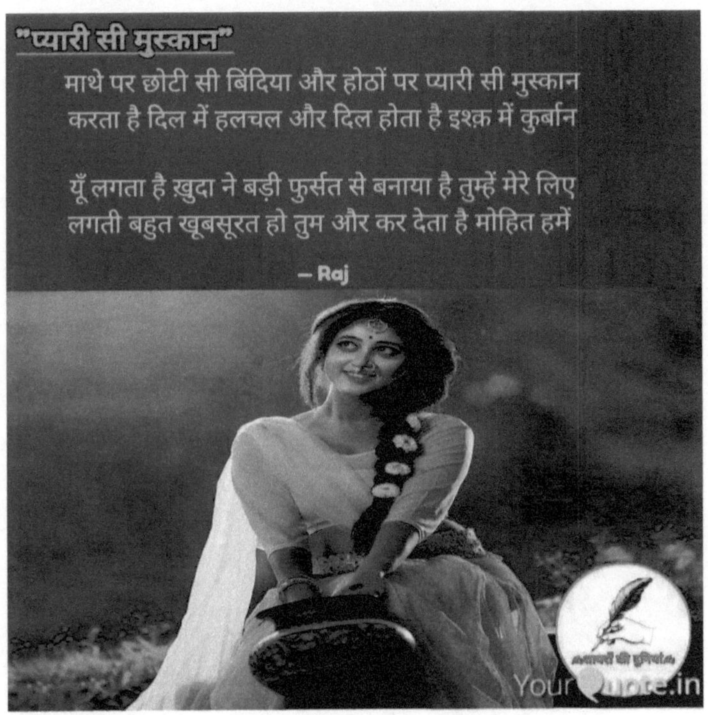

"प्यारी सी मुस्कान"
माथे पर छोटी सी बिंदिया और होठों पर प्यारी सी मुस्कान
करता है दिल में हलचल और दिल होता है इश्क़ में कुर्बान

यूँ लगता है खुदा ने बड़ी फुर्सत से बनाया है तुम्हें मेरे लिए
लगती बहुत खूबसूरत हो तुम और कर देता है मोहित हमें

— Raj

# 64. मैं और मेरी तन्हाई

# 65. प्यार ही प्यार

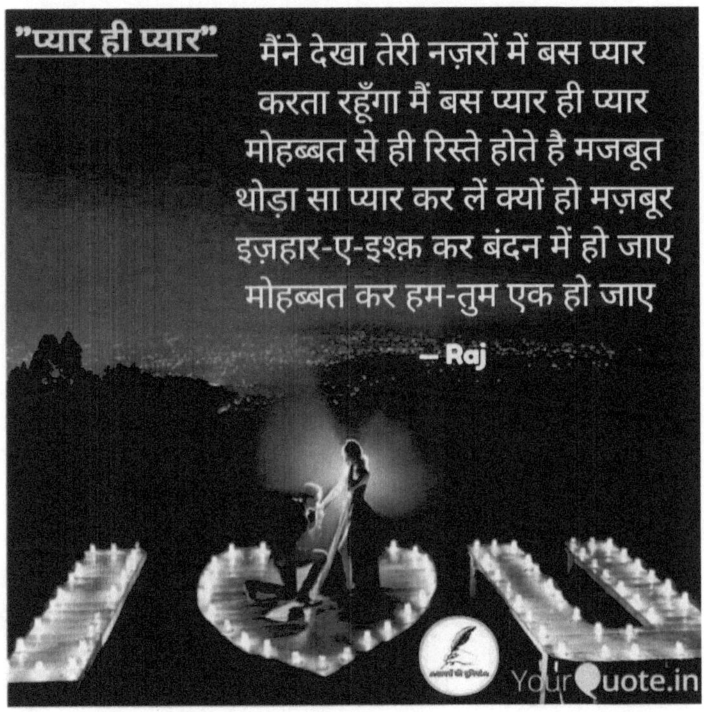

"प्यार ही प्यार"

मैंने देखा तेरी नज़रों में बस प्यार
करता रहूँगा मैं बस प्यार ही प्यार
मोहब्बत से ही रिस्ते होते है मजबूत
थोड़ा सा प्यार कर लें क्यों हो मज़बूर
इज़हार-ए-इश्क़ कर बंदन में हो जाए
मोहब्बत कर हम-तुम एक हो जाए

— Raj

# 66. मेहनत का फल

"मेहनत का फल" मिलता नहीं कोई फल आराम फरमाने से
बस मिलता है मीठा फल मेहनत करने से

मेहनत का फल मिलता है सबको बराबर
तुम चींटी को देख कर मेहनत सीखा कर

दिन-रात की मेहनत से ही मिलता है वो फल
अंजाम की फ़िक्र न कर बस मेहनत किया कर

– Raj

# 67. जो भी करो मन से करो

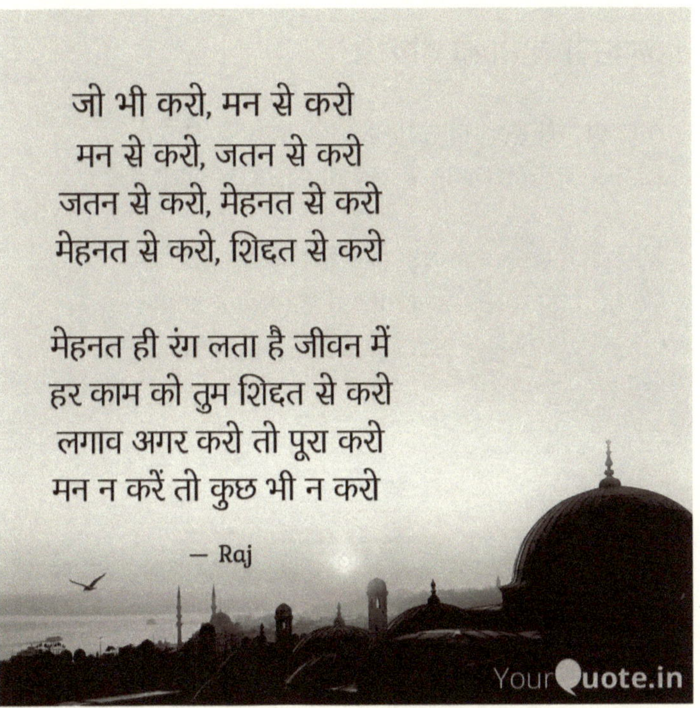

# 68. अजनबी रहना ही ठीक है

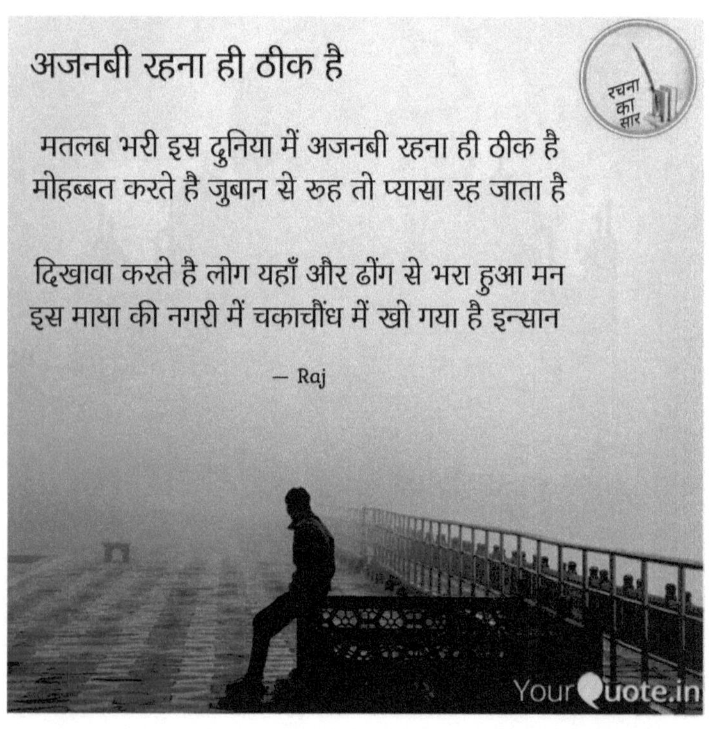

# 69. इन्हीं पत्थरों पे चलकर

**प्रतियोगिता ☞ 199**

इन्हीं पत्थरों पे चलकर

मुश्किलों से भरी है यह जीवन की रास्ता
मंज़िल वहाँ है जहाँ है पत्थरों भरा रास्ता
इन्ही पत्थरों पे चलकर ही मजबूत हुए है
हौसला बुलंद कर अपनी मंज़िल पाना है

— Raj

# 70. ना कोई उमंग है

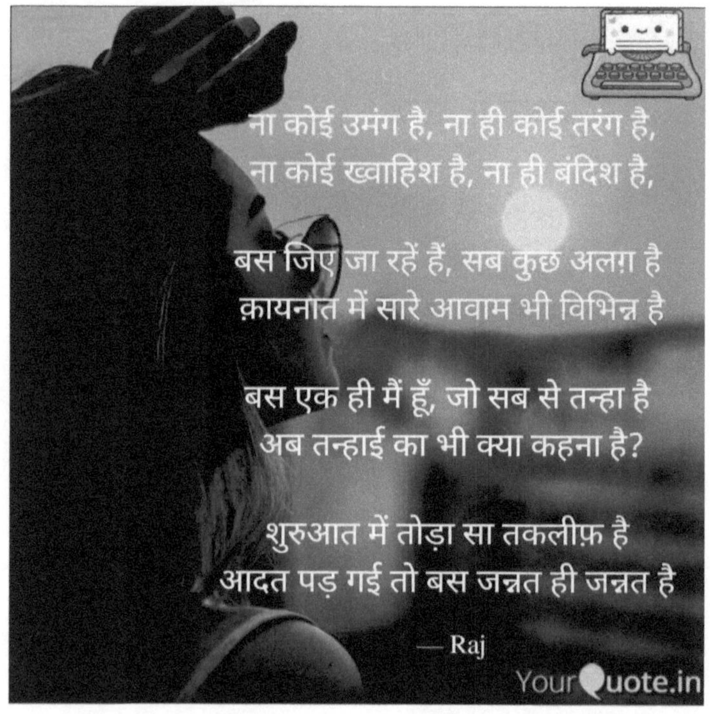

ना कोई उमंग है, ना ही कोई तरंग है,
ना कोई ख्वाहिश है, ना ही बंदिश है,

बस जिए जा रहें हैं, सब कुछ अलग़ है
क़ायनात में सारे आवाम भी विभिन्न है

बस एक ही मैं हूँ, जो सब से तन्हा है
अब तन्हाई का भी क्या कहना है?

शुरुआत में तोड़ा सा तकलीफ़ है
आदत पड़ गई तो बस जन्नत ही जन्नत है

—Raj

# 71. पोशाक - वस्त्र

• 71 •

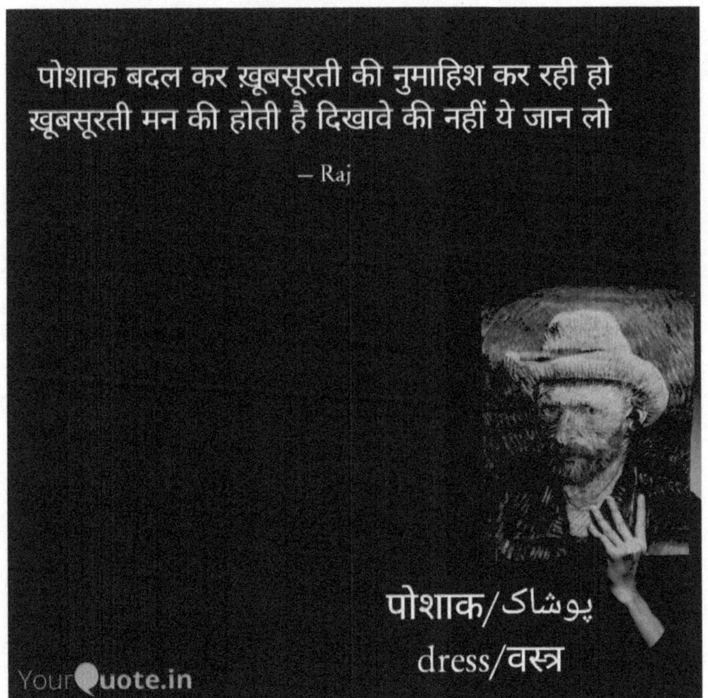

# 72. लिखा क्यों था

"लिखा क्यों था"

प्रेम पत्र लिखा क्यों था जब प्रेम करना ही न था
हम से मिलन किया क्यों था जब मुँह फेरना ही था

दिल से मेरे खेला क्यों था जब दिल तोडना ही था
तुम क्या जाने प्रेम को जब मतलब ही नहीं जनता

– Raj

# 73. आसमाँ छु जाएंगे हम

# 74. कुछ हसीन पल

"कुछ हसीन पल"
रह गया था मैं दिवाना भीड़ से भरी उस गली में
तलाश कर कुछ हसीन पल खो गया था मैं

जब मिला वो पल तन्हाई की उस गली मैं
बीता लिया हर एक पल ख़ुशियाँ समेटथे हुए

दिल की बात दिल ही जाने लफसों में कैसे कहूँ
कितना सुकून था दिल को पल-पल मैं ही जानू

— Raj

# 75. नए रिश्ते की पहल

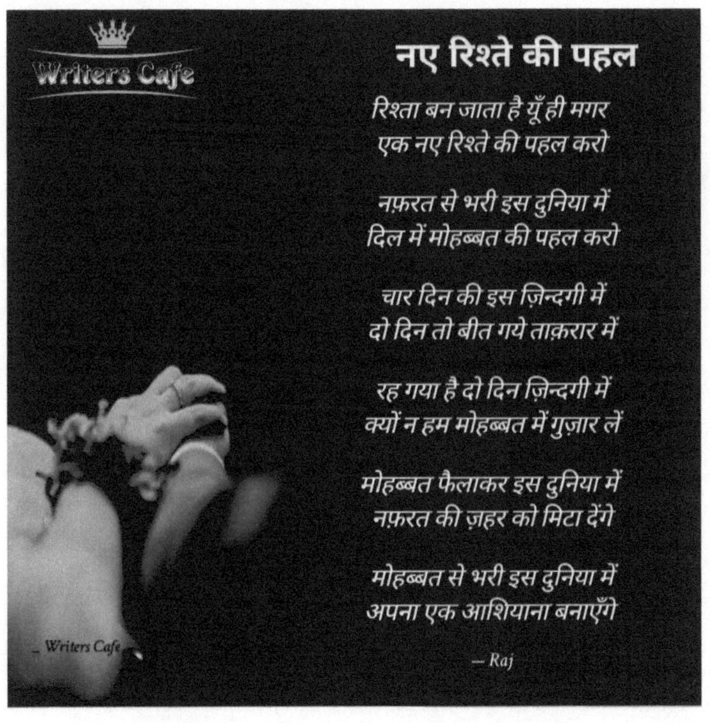

# 76. सांवली सी लड़की

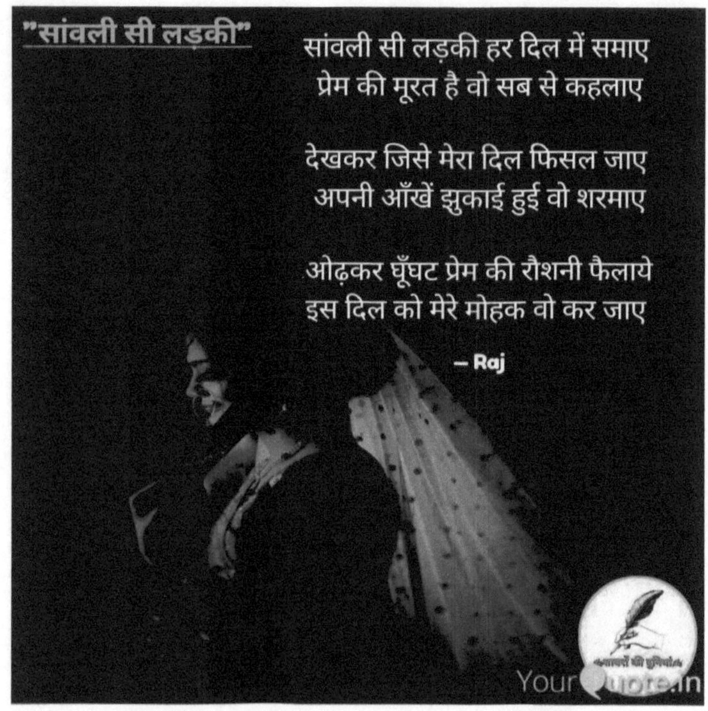

"सांवली सी लड़की"

सांवली सी लड़की हर दिल में समाए
प्रेम की मूरत है वो सब से कहलाए

देखकर जिसे मेरा दिल फिसल जाए
अपनी आँखें झुकाई हुई वो शरमाए

ओढ़कर घूँघट प्रेम की रौशनी फैलाये
इस दिल को मेरे मोहक वो कर जाए

— Raj

# 77. सीने से लगकर

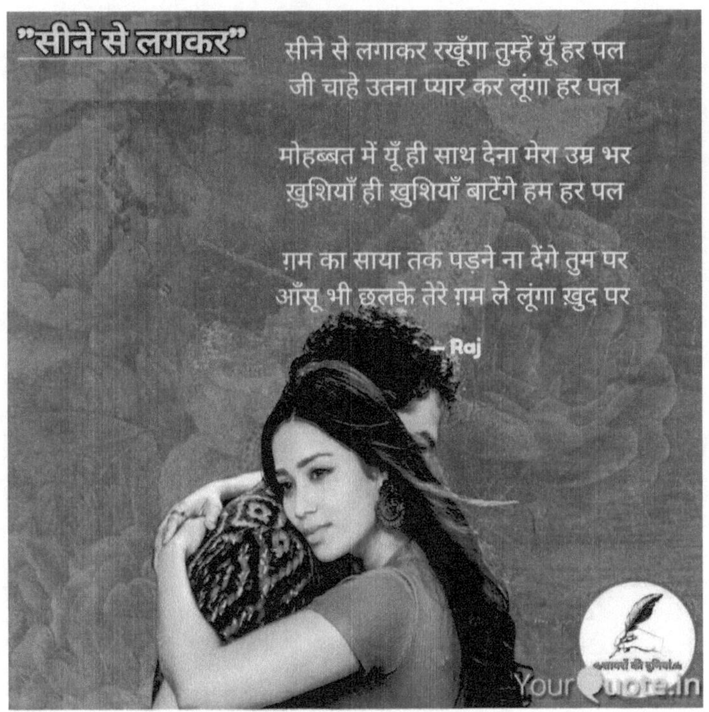

"सीने से लगकर"

सीने से लगाकर रखूँगा तुम्हें यूँ हर पल
जी चाहे उतना प्यार कर लूंगा हर पल

मोहब्बत में यूँ ही साथ देना मेरा उम्र भर
खुशियाँ ही खुशियाँ बाटेंगे हम हर पल

ग़म का साया तक पड़ने ना देंगे तुम पर
आँसू भी छलके तेरे ग़म ले लूंगा ख़ुद पर

— Raj

# 78. लिखते-लिखते

लिखते-लिखते रुक जाते हैं
सोच में अक्सर पड़ जाते हैं
यादों में तेरे ही खो जाता है
प्रेम मिलन की याद आता है

क्यों मुझको छोड़ चली तुम
साथ तेरा बहुत तरसाता है
साथ तेरे जो छूट गया मेरा
इश्क़ मुझे बहुत तड़पाता है

# 79. बरसात का मौसम

"बरसात का मौसम"
सुहाना सा लगे ये बरसात का मौसम
आ जाओ मिलकर हम ख़ा लें कसम

कभी जुदा न होंगे मोहब्बत में हम-तुम
करते रहेंगे इश्क़ चाहे कितना भी हो ग़म

ख़्वाबों का सिलसिला यूँ ही चलता रहे
नींद टूटे और तेरे इंतज़ार में तड़पता रहे

— Raj

# 80. सुकून सी मोहब्बत

सुकून सी मोहब्बत ढूंढ कर दर-दर भटक रहा हूँ
कहाँ मिलता है वो यहाँ किसी को ख़बर नही


मोहब्बत में भी कलह होता है यह जानकर मैं
कैसे किसी से मोहब्बत करु यह पता नही


मोहब्बत करो या फिर ना करो दिल टूटना तो तय है
शीशे से बना दिल शायद बार-बार टूट जाता है


दर्द सहना किस्मत में लिखा है तो मुसाफिर क्या करें
दर्द सह कर वो ज़िन्दगी का गुज़ारा किया करें

— Raj

# 81. माज़ी - अतीत

तेरे संग गुज़रे हुए माज़ी की यादें बहुत सताता है
भूलना चाहता हूँ इश्क़ को पर याद बहुत आता है

— Raj

# 82. सूरज नहीं जानता

सूरज नहीं जानता
नन्हि किरण कितना है जलाता
उसकी गर्माहट सूरज नहीं जनता

वो तो बस रौशनी देता ही रहता
जिसके बिना ज़िन्दगी नहीं होता

– Raj

# 83. ख़ुमारी - बद-मस्ती

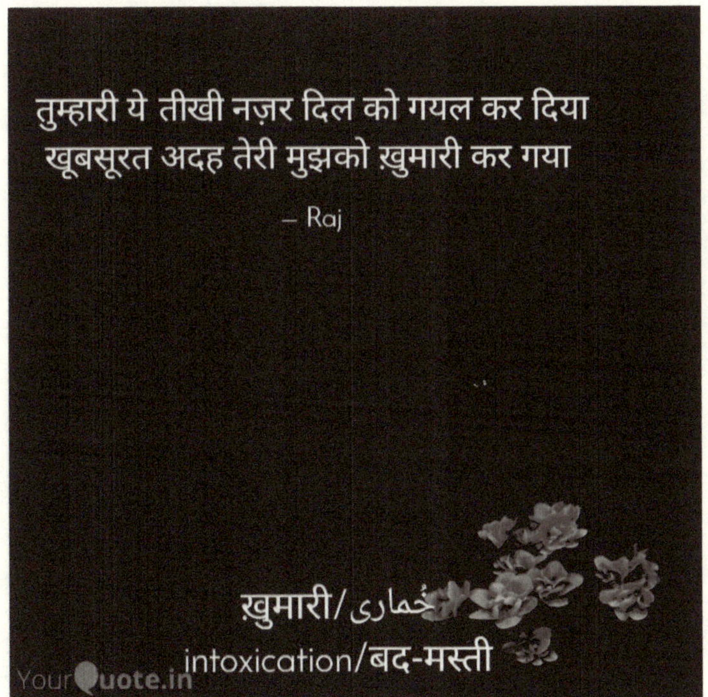

तुम्हारी ये तीखी नज़र दिल को गयल कर दिया
ख़ूबसूरत अदह तेरी मुझको ख़ुमारी कर गया

— Raj

ख़ुमारी/خماری
intoxication/बद-मस्ती
YourQuote.in

# 84. खोई हुई उम्मीद

84

तू वो खोई हुई उम्मीद है

तू वो खोई हुई उम्मीद है
जिसे पाना बहुत जरुरी है
फिर भी उम्मीद लगाए है
कहीं कभी तो मिल जाए

अब तो वक़्त का ताकज़ा है
तुम मिले भी या ना भी मिले
फिर भी आस लगाए बैठे है
कभी तो राह कहीं मिल जाए

— Raj

# 85. वो नादान परिंदे

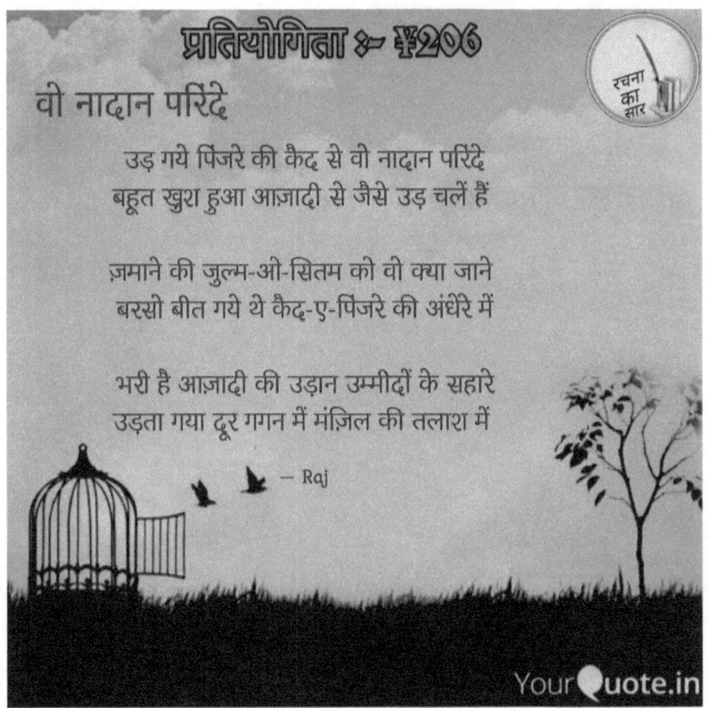

प्रतियोगिता ☞ ₹206
वो नादान परिंदे

उड़ गये पिंजरे की कैद से वो नादान परिंदे
बहुत खुश हुआ आज़ादी से जैसे उड़ चलें हैं

ज़माने की जुल्म-ओ-सितम को वो क्या जाने
बरसो बीत गये थे कैद-ए-पिंजरे की अंधेरे में

भरी है आज़ादी की उड़ान उम्मीदों के सहारे
उड़ता गया दूर गगन में मंज़िल की तलाश में

— Raj

Your Quote.in

# 86. उर्दू लफ्ज़

Your Quote.in
उर्दू की लफ्ज़ हर भाषा मिल जाता है
जिसे नहीं आता वो भी शायरी कर जाता है
— Raj
उर्दू/ودرا

# 87. पेशानी - माथा

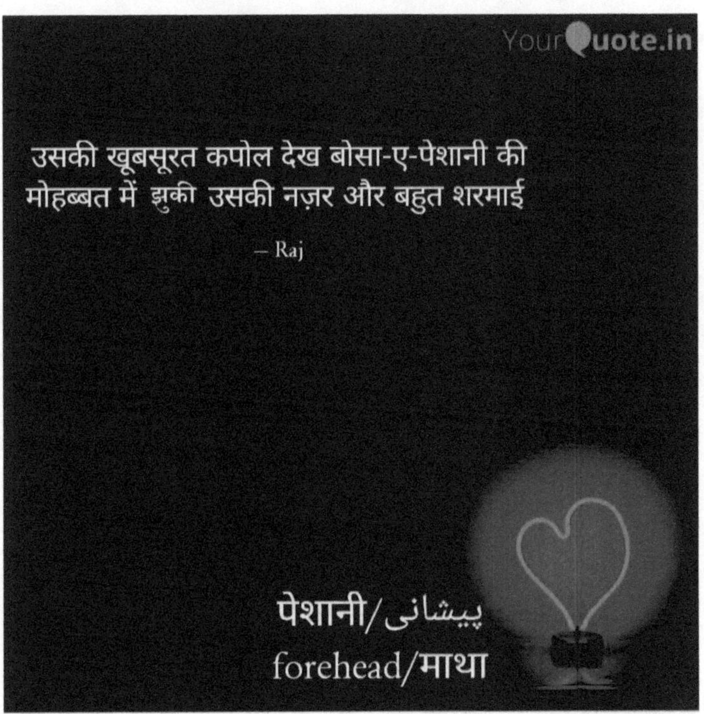
उसकी खूबसूरत कपोल देख बोसा-ए-पेशानी की
मोहब्बत में झुकी उसकी नज़र और बहुत शरमाई

— Raj

पेशानी/پیشانی
forehead/माथा

# 88. तुम्हे चाहने से पहले

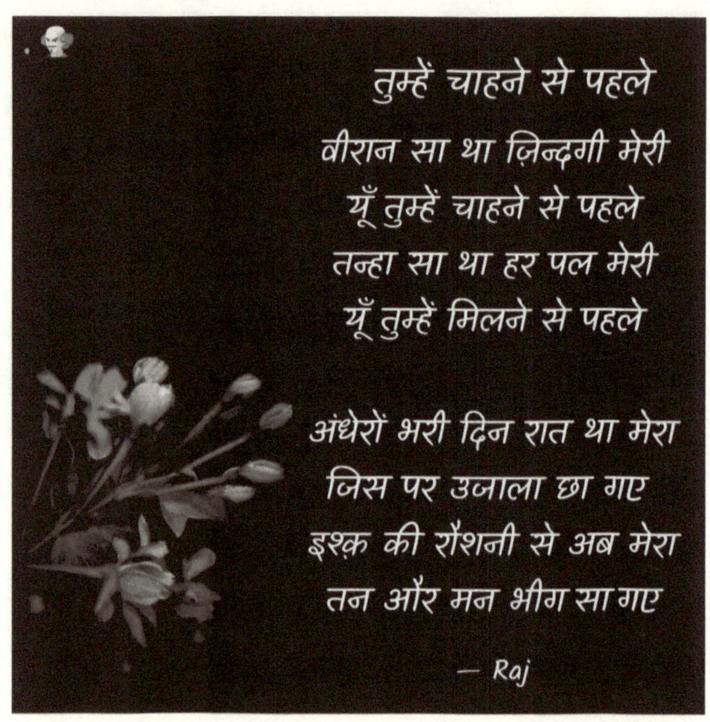

# 89. वस्ल - मिलन

वस्ल की उम्मीद कर इश्क़ कर बैठा मैं तुमसे
एक बार भी नहीं आयी तुम मिलने को मुझसे

— Raj

वस्ल/وصل
meeting/मिलन
YourQuote.in

# 90. वज़ाहत - विवरण

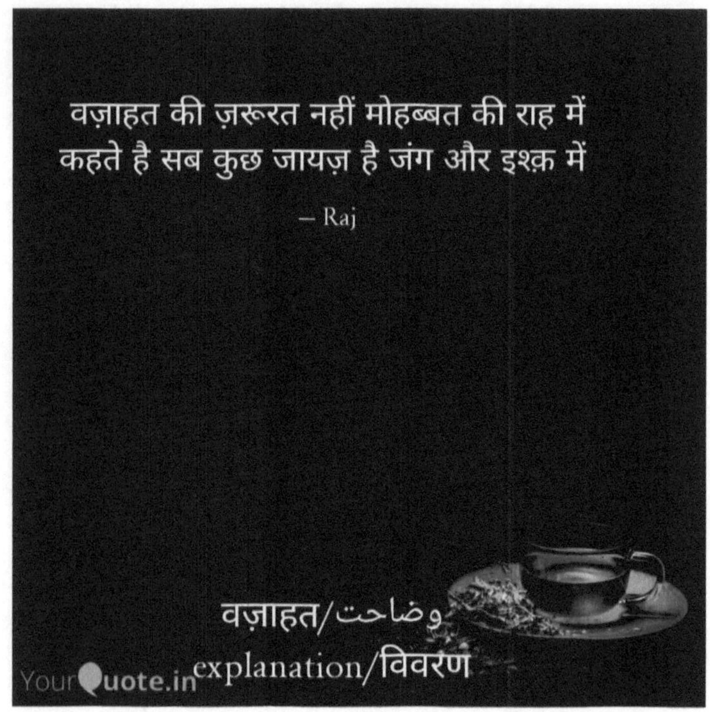

वज़ाहत की ज़रूरत नहीं मोहब्बत की राह में
कहते है सब कुछ जायज़ है जंग और इश्क़ में

— Raj

वज़ाहत/وضاحت
explanation/विवरण

# 91. गुज़रा ज़माना

"गुज़रा जमाना"
यादों की भी बात बहुत निराली है
कभी दर्द भरी तो कभी मीठी होती है
ख़ामोश मन में कभी ऐसा भी होता है
कभी गुजरा जमाना याद आ जाते है
– Raj

# 92. दुश्वारी - कठिनता

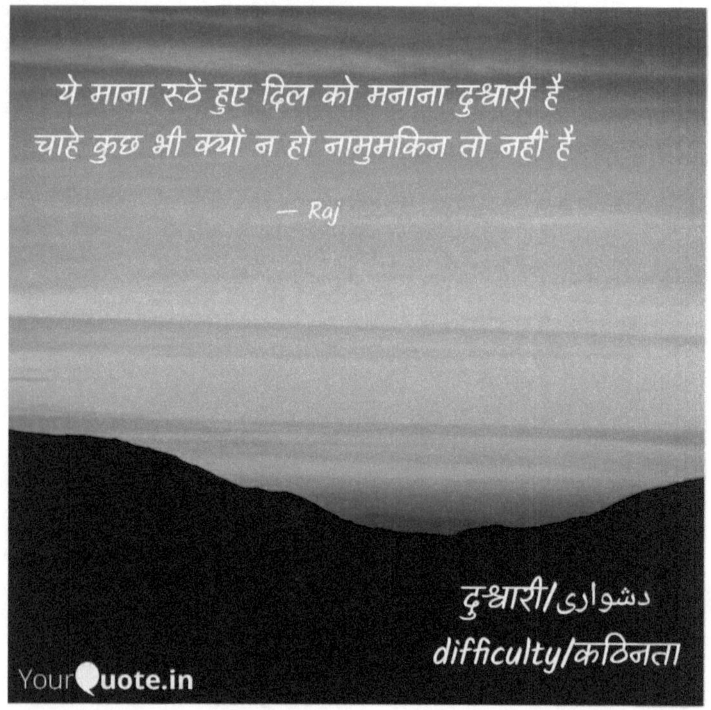

ये माना रूठें हुए दिल को मनाना दुश्वारी है
चाहे कुछ भी क्यों न हो नामुमकिन तो नहीं है

— Raj

दुश्वारी/دشواری
difficulty/कठिनता

YourQuote.in

# 93. छोटे छोटे कदम

• 93 •

### छोटे-छोटे क़दम रखो

यूँ ही छोटे-छोटे क़दम रखो,
दिल में न कोई वहम रखो,
मंज़िल मिल ही जाएगी तुम्हें
अगर तुम राह पर चला करो

बैठना नहीं है कहीं रुका में
बस चलते ही जाना है यहाँ
हौसले को बुलंद करके अपने
बस आगे बढ़ते जाना है वहाँ

# 94. ज़िन्दगी मुस्कुरा

ज़िन्दगी मुस्कुरा
यूँ न ख़ुद को सता
आ ज़रा करीब आ
यूँ न मुझसे दूर जा

तेरे दीवाने है हम
क्यों देता है मुझें ग़म
ये ग़म का साया हटा
भर दे ख़ुशियों का समा

ज़िन्दगी मुस्कुरा
यूँ न ख़ुद को सता

— Raj

# 95. मुस्कुराना बहौत ज़रूरी

# 96. उम्मीदों की रशनी

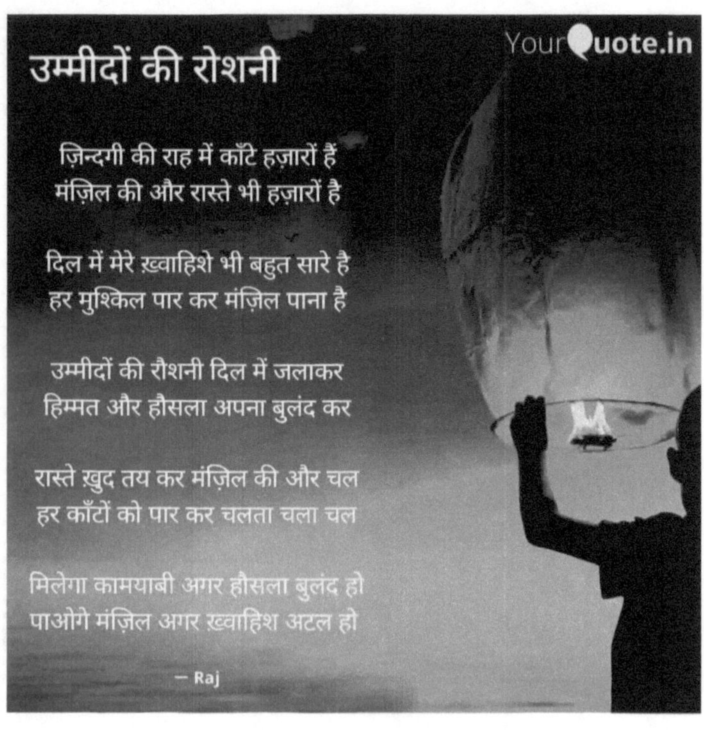

उम्मीदों की रोशनी

YourQuote.in

ज़िन्दगी की राह में काँटे हज़ारों हैं
मंज़िल की और रास्ते भी हज़ारों है

दिल में मेरे ख़्वाहिशे भी बहुत सारे है
हर मुश्किल पार कर मंज़िल पाना है

उम्मीदों की रौशनी दिल में जलाकर
हिम्मत और हौसला अपना बुलंद कर

रास्ते ख़ुद तय कर मंज़िल की और चल
हर काँटों को पार कर चलता चला चल

मिलेगा कामयाबी अगर हौसला बुलंद हो
पाओगे मंज़िल अगर ख़्वाहिश अटल हो

— Raj

# 97. रख हौसला

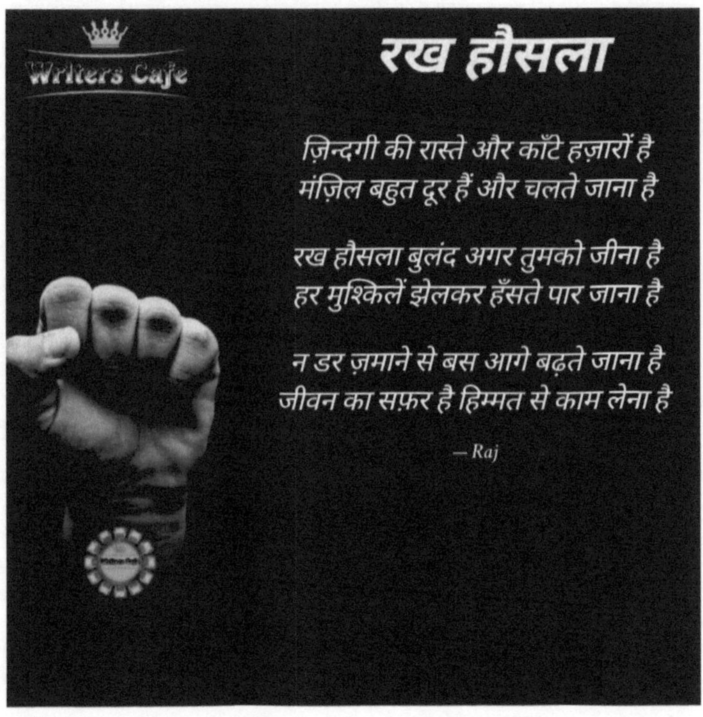

रख हौसला

ज़िन्दगी की रास्ते और काँटे हज़ारों है
मंज़िल बहुत दूर हैं और चलते जाना है

रख हौसला बुलंद अगर तुमको जीना है
हर मुश्किलें झेलकर हँसते पार जाना है

न डर ज़माने से बस आगे बढ़ते जाना है
जीवन का सफ़र है हिम्मत से काम लेना है

— Raj

# 98. वक़्त के अधेरे में

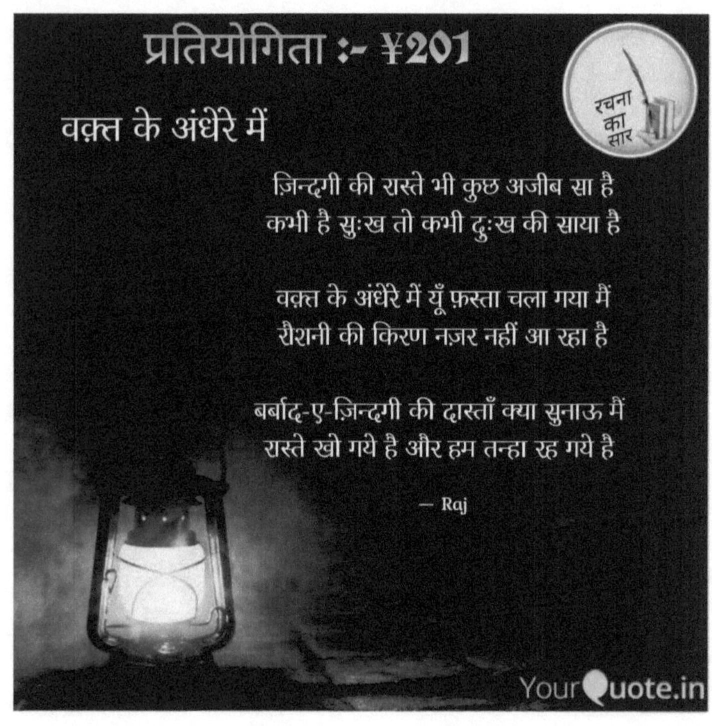

प्रतियोगिता :- ¥201
वक़्त के अंधेरे में
ज़िन्दगी की रास्ते भी कुछ अजीब सा है
कभी है सुःख तो कभी दुःख की साया है

वक़्त के अंधेरे में यूँ फ़ंसता चला गया मैं
रौशनी की किरण नज़र नहीं आ रहा है

बर्बाद-ए-ज़िन्दगी की दास्ताँ क्या सुनाऊ मैं
रास्ते खो गये है और हम तन्हा रह गये है

— Raj

# 99. ज़िन्दगी से गुज़ारिश है

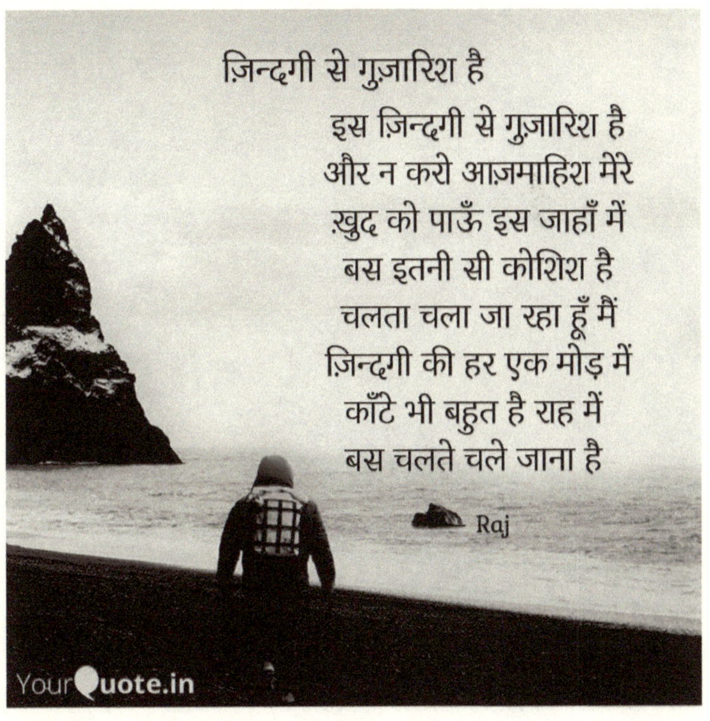

# 100. जाने वाले

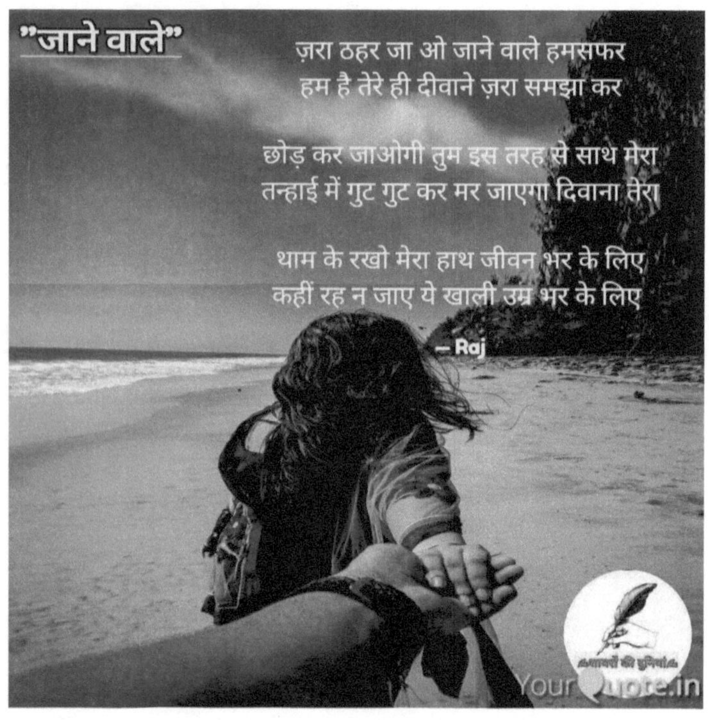
"जाने वाले"
ज़रा ठहर जा ओ जाने वाले हमसफर
हम है तेरे ही दीवाने ज़रा समझा कर

छोड़ कर जाओगी तुम इस तरह से साथ मेरा
तन्हाई में गुट गुट कर मर जाएगा दिवाना तेरा

थाम के रखो मेरा हाथ जीवन भर के लिए
कहीं रह न जाए ये खाली उम्र भर के लिए
— Raj

# अस्वीकरण

सभी रचनाएँ कल्पना पर आधारित हैं। इसका लेखक के जीवन या ब्रह्मांड में किसी से कोई लेना-देना नहीं है। सभी लेख काल्पनिक हैं और किसी जीवित या मृत व्यक्ति से कोई समानता नहीं है। यदि कोई समानता है तो यह मात्र संयोग है।

# लेखक की जीवनी

श्री के.सी. श्रीराज मेनन, जिनका जन्म केरल के एक संपन्न परिवार में 09 सितंबर 1973 को श्री कोझीपुरथ संकुन्नी मेनन और श्रीमती किज़हारा चालापुरथ सेथुलक्ष्मी मेनन के घर हुआ और महाराष्ट्र में अधिवासित हैं। वह बचपन से ही तेज-तर्रार शायरी करते थे, कहते और भूल जाते थे। एक बार उनके एक करीबी दोस्त ने इस पर गौर किया और उन्हें जो भी कविताएँ या उद्धरण कहते थे, उन्हें लिखने के लिए मजबूर किया और तब से उन्होंने लिखना शुरू कर दिया। उन्होंने अपनी कविताओं और उद्धरणों को अपने और अपने करीबी दोस्तों के पास तब तक सीमित रखा जब तक उन्हें अपने कामों को ऑनलाइन लिखने के लिए एक मंच नहीं मिला। वह Your Quote साइट पर एक सक्रिय लेखक हैं और उन्हें प्रतियोगिता के लिए कई प्रशंसापत्र और प्रमाणपत्र प्राप्त हुए हैं। वह एक बहुभाषी लेखक हैं और उनका लेखन विस्मयकारी है। चाहे वह अंग्रेजी, हिंदी, उर्दू, मलयालम और मराठी हो, वह सभी भाषाओं में उत्कृष्ट है। वह कई दिलचस्प लेखकों के लिए एक बड़ी प्रेरणा भी हैं। वह मुंबई विश्वविद्यालय से स्नातक हैं। वह एक एकाउंटेंट हैं और एक स्व-शिक्षित कंप्यूटर इंजीनियर भी हैं। उनके कौशल शीर्ष पायदान पर हैं और उनके पास कई प्रमाणपत्र हैं। अभिनय, लेखन, पेंटिंग और नृत्य और संगीत सुनना आदि... आदि उनके जुनून हैं।

Mail Id.: shreeraj_m@yahoo.co.uk